AF389712

RÈGLEMENTS

CONCERNANT

LE TRANSPORT DES TROUPES

DE TOUTES ARMES

PAR LES CHEMINS DE FER

APPROUVÉS

PAR M. LE MARÉCHAL MINISTRE DE LA GUERRE

Le 6 novembre 1855

PARIS

LIBRAIRIE MILITAIRE, MARITIME ET POLYTECNIQUE

DE J. CORRÉARD

Libraire-éditeur et libraire-commissionnaire

RUE CHRISTINE-DAUPHINE, 1, PRÈS LE PONT-NEUF

1856

Nous avons joint aux Circulaires et Règlements du
6 novembre 1855 l'Instruction du 24 avril de la même
année, sur le transport des chevaux de remonte et les
diverses décisions ministérielles qui ont paru successivement depuis 1851. Notre édition formera donc un
Code complet sur la matière, et MM. les officiers
voyageant en corps ou isolément y trouveront tout ce
qui peut les éclairer sur leurs droits et leurs obli-
gations.

SOMMAIRE.

Le Ministre Secrétaire d'État de la guerre à MM. les Généraux commandant les divisions et subdivisions territoriales ou actives de l'intérieur. (4e Direction ; Administration ; 1er Bureau, Intendance militaire, Service de marche, Transports et Équipages militaires.)

Paris, le 6 novembre 1855.

(Envoi de trois règlements concernant le transport des troupes de toutes armes en chemins de fer.)

Général, vous trouverez ci-joint   exemplaires des trois règlements approuvés à la date de ce jour.

Ils sont destinés à remplacer les règlements provisoires du 16 septembre 1851 sur le transport des troupes par chemins de fer.

Je vous charge de faire distribuer ces trois règlements dans la proportion suivante :

Général de brigade...............	Un exemplaire de trois règlements.
Chef de corps et officier supérieur....	
Bataillon d'infanterie...............	Quatre exempl. du règlement spécial à l'arme.
Escadron de cavalerie...............	
Batterie d'artillerie montée, à cheval ou de parc...............	Deux exemplaires du règlement spécial à l'arme.
Compagnie du train des équipages militaires...............	
Batterie d'artillerie à pied...........	Deux exemplaires du règlement spécial à l'infanterie.
Bataillon du génie...............	Quatre exemplaires de chacun des règlements spéciaux à l'infanterie et à l'artillerie.

J'attache une grande importance à ce que ces règlements soient étudiés à fond et régulièrement appliqués. Vous voudrez bien prescrire des mesures en conséquence et vous assurer personnellement de leur exécution.

Je vous invite à prendre connaissance de la circulaire que j'adresse aux intendants divisionnaires, pour les dispositions de détail qui concernent l'administration militaire. Elle est insérée au *Journal militaire officiel*.

Recevez, etc.

Le Maréchal de France,
Ministre Secrétaire d'État de la guerre,

Signé : VAILLANT.

Le Ministre Secrétaire d'État de la guerre à MM. les Intendants militaires des divisions territoriales de l'intérieur. (4ᵉ Direction; Administration; 1ᵉʳ Bureau, Intendance militaire, Service de marche, Transports et Équipages militaires.)

Paris, le 6 novembre 1853.

(Envoi de trois règlements concernant le transport des troupes de toutes armes en chemins de fer.)

Monsieur l'intendant, l'expérience ayant fait reconnaître la nécessité de modifier les règlements du 16 septembre 1851, je vous envoie quelques exemplaires des règlements destinés à les remplacer.

J'appelle toute votre attention sur les observations

suivantes, qui sont d'une grande importance pour la
bonne et prompte exécution du service des transports
de troupes sur les chemins de fer.

INTERVENTION DE L'INTENDANCE.

Les fonctionnaires de l'intendance militaire inter-
viennent dans les avis à donner aux compagnies de
chemins de fer, si le commandement leur délègue ce
soin (article 2 des règlements). Ils passent une revue
numérique et ils établissent la réquisition. Ils prennent les mesures nécessaires pour la fourniture des
vivres et des fourrages, au départ et à l'arrivée, ainsi
que pour le transport ou le transbordement des bagages. Enfin, ils arrêtent, vérifient et ordonnancent les
factures des compagnies de chemins de fer.

AVIS ET RÉQUISITIONS.

Les avis et réquisitions sont adressés, dans les
grands centres, tels que Paris, Lyon, Strasbourg.
Marseille, etc., aux chefs du mouvement, et dans les
stations aux chefs de gare.

Les avis ne sont pas reproduits dans les justifica-
tions à produire par les compagnies.

La réquisition, établie en double expédition, sur la
formule imprimée n° 1, est désormais la seule pièce
comptable à produire à l'appui de la facture. Elle fait
connaître, en hommes, chevaux et voitures, l'effectif
qui doit servir de base au décompte de la dépense.

Est et demeure maintenue la décision ministérielle

du 29 juillet 1854, insérée au *Journal militaire officiel*, pages 29 et 56, prescrivant la communication des avis de mouvements par voies ferrées, pour un effectif de plus de cent hommes, *en recourant, au besoin, à la voie télégraphique, mais seulement dans les cas urgents*.

Ces avis télégraphiques doivent toujours être concis et sommaires.

L'intendance militaire, au point de départ, délivre et signe autant de réquisitions distinctes qu'il y a de lignes de fer différentes sur la route à parcourir par le corps ou le détachement.

VIVRES ET FOURRAGES.

Suivant l'ordre du commandement, la troupe emporte pour un ou deux jours de vivres, selon la durée du voyage. En conséquence, il n'y a pas lieu *généralement* de faire procéder à une distribution de vivres ou de pain en route ou à une station d'arrêt quelconque.

Le foin et l'avoine pour la nourriture des chevaux, la paille en bottillons pour garnir les waggons à selles et pour litière, sont amenés à la gare en même temps que les bagages, soit une heure et demie ou deux heures avant le départ.

L'avoine est en sacs, pour être placée dans les waggons à bagages, puisqu'elle ne doit être distribuée qu'après le débarquement (art. 11, *Cavalerie*, et article 3, *Artillerie*).

Le foin, en bottillons pressés, est donné à la main

par les cavaliers des waggons à chevaux, suivant l'arme et la durée du voyage (mêmes articles).

Douze bottillons de paille suffisent par waggon contenant environ soixante selles, soit un bottillon par cinq selles. Il faut ajouter deux bottillons par waggon à chevaux, pour servir de litière.

Il peut y avoir quelquefois convenance ou nécessité de faire préparer une distribution de foin sur un point donné de la route à parcourir.

BAGAGES.

Le transport des bagages, leur transbordement d'une gare à une autre, s'il y a lieu, et leur enlèvement à destination sont effectués sur réquisition du sous-intendant, à défaut de voitures appartenant à l'administration militaire locale. A Paris, ce service est assuré, soit par le train des équipages, soit par l'entreprise civile qui le remplace au besoin.

S'il arrivait que, faute de temps, ces dispositions ne pussent être observées, afin d'éviter que la troupe reparte par la voie ferrée sans ses bagages, le transport desdits bagages d'une gare à une autre peut être effectué par l'entreprise du camionnage de la ligne de fer d'arrivée, sur la réquisition écrite du chef de détachement qui indique la nature et la quantité des bagages.

Cette réquisition, pour être admise dans les comptes, doit être présentée dans les huit jours à la signature du sous-intendant militaire, à la diligence de la compagnie du chemin de fer qui a fourni le camion.

La dépense accidentelle de ce transport est comprise dans les factures de transport de troupes établies par les compagnies de chemins de fer.

VÉRIFICATION ET ORDONNANCEMENT DES FACTURES.

L'intendant militaire vérifie, arrête et ordonnance les factures, qui sont établies à la main, conformément au modèle n° 2 déjà en usage. *Elles sont ordonnancées intégralement par l'intendant militaire de la division où se trouve le siége de la compagnie du chemin de fer*, à moins que celle-ci n'ait désigné une autre localité pour le payement.

DE L'APPLICATION DES TARIFS.

Les conditons de prix des transports de troupes en chemins de fer, indiquées à la dépêche du 16 septembres 1851, ont subi quelques modifications dont voici les principales :

Corps et détachements. — En principe, les transports des corps et détachements sont exécutés au quart de la taxe du tarif, soit par trains ordinaires, soit par par trains spéciaux composés d'un effectif de plus de 345 hommes.

Pour les trains spéciaux composés d'un nombre d'hommes au-dessous de ce chiffre, l'État paye 5 francs par kilomètre, quel que soit l'effectif.

Il y a quelques lignes qui font exception à cette régle : ce sont celles de Rouen et du Havre.

Lorsque, par exception, on emploie, pour le transport des hommes, des waggons à marchandises (*Infanterie*, art. 4), le prix du transport est réglé par waggon plein.

Les transports par trains spéciaux (au-dessous de 346 hommes), étant plus onéreux que les autres, ne doivent être requis qu'après avoir été préalablement autorisés par le Ministre.

Lorsqu'un corps est suivi de ses bagages, l'État ne paye que le poids excédant la tolérance proportionnelle à l'effectif.

Les voitures du train, celles de l'artillerie et du génie, sont taxées au quart du tarif de la grande ou de la petite vitesse, selon le cas, par tonne et par kilomètre, et non pas comme voitures à deux ou à quatre roues.

Le transport d'un cheval d'officier (quelle que soit l'arme) voyageant avec un détachement est payé au quart du tarif (moitié sur les seules lignes de Rouen et du Havre).

La réunion d'un matériel militaire ou naval ne donne aux compagnies le droit d'élever, du quart à la moitié de la taxe du tarif, le prix du transport des hommes, des voitures et des chevaux, que lorsque le Gouvernement, usant du droit qui lui est réservé par les cahiers des charges, requiert et absorbe complétement, pour son usage, toutes les ressources d'une compagnie, en supprimant tous les transports de voyageurs et de marchandises.

Une réquisition de cette nature ne peut être faite que par le Ministre lui-même.

Il ne doit y avoir, pour le matériel, ni frais d'enregistrement ni frais de chargement et de déchargement.

Les frais de chargement et de déchargement des chevaux, lorsqu'ils sont comptés par les compagnies, sont passibles de la réduction militaire.

Le transport du matériel des cantinières, mis à la charge de l'État par décision du 28 juillet 1854, doit être compté au quart du tarif, comme les bagages des corps.

Militaires voyageant isolément. — En fait, le transport des militaires isolés est effectué à moitié prix, sur presque tous les chemins de fer actuellement exploités et dont la loi de concession est antérieure à l'année 1853.

Cependant, le principe du transport des militaires isolés au quart du tarif est admis et reconnu par M. le Ministre des travaux publics pour les concessions futures et pour les fusions des lignes qui seraient opérées à l'avenir. Ce principe est applicable dès aujourd'hui aux divers tronçons des chemins de fer désignés ci-après, savoir :

Orléans et prolongements. — Toutes les sections : Paris à Orléans, Bordeaux, Châteauroux, Nantes, Moulins, Clermont-Ferrand.

Ouest. — Paris à Versailles (rive droite et rive gauche), à Saint-Germain, au Mans, à Cherbourg (jusqu'à Caen). (Sont exceptées, jusqu'au 1er janvier 1858, les sections de Paris à Rouen, au Havre et à Dieppe.)

Midi. — Bordeaux à Bayonne, à la Teste, à Langon, à Tonneins.

Chemin Grand-Central de France. —Saint-Étienne à Roanne, à Lyon ; — Clermont-Ferrand à Issoire. (*Journal militaire*, 1855, 2ᵉ sem., p. 263, 5 août 1855.)

Les présents règlements ont été arrêtés de concert avec M. le Ministre des travaux publics. J'ai l'espoir qu'ils feront disparaître toutes les incertitudes sur les droits des départements de la guerre et de la marine.

Je vous prie de m'en accuser réception, après avoir fait les répartitions et les notifications nécessaires aux fonctionnaires de l'intendance de votre division.

Recevez, etc.

Le Maréchal de France,
Ministre Secrétaire d'État de la guerre,

Signé : VAILLANT.

* DIVISION
MILITAIRE.

—

SOUS – INTENDANCE
d

1. La réquisition est
la seule pièce compta-
ble à produire à
l'appui de la facture.
Elle est remise, en
double expédition,
par le chef du corps
ou du détachement,
le jour du départ Art.
2 des règlements du
6 novembre 1855.)

2. Indiquer le corps
ou détachement.

3. Indiquer s'il s'a-
git de voitures de
cantinières, d'artil-
lerie ou de train des
équipages militaires

FORMULE N° 1. (Modèle.)

(Décision ministérielle du 6 novembre 1855.

TRANSPORT DE TROUPES PAR LES CHEMINS DE FER.

RÉQUISITION [1].

La compagnie du chemin de fer d
est requise de transporter d
à   la troupe et le matériel ci-après
désignés, appartenant à [2]

EFFECTIF.	CLASSES.	NOMBRE.			POIDS des bagages en kilogr.	OBSERV.
		d'hommes	de chevaux.	de voitures [3].		
Officiers supérieurs...	1re					
Officiers...	2e					
S.-offic., caporaux ou brigadiers et soldats	3e					
Cantinières.......						
Enfants de troupe...						
Total de la 3e classe....						
Totaux.....						

A   le   185 .

Intendant militaire,

Je soussigné, chef du [2]   désigné ci-dessus, certifie que le
transport a été effectué de   à

A   le   185 .

FORMULE N° 2. (MODÈLE.)
(Décision du 6 novembre 1855.)

1. Indication du chemin de fer.

2. A la moitié ou au quart, selon la loi de concession.

3. Indication de l'article.

4. Date de la loi.

5. Indication du corps ou détachement.

6. Détail du matériel,

(Facture en double expédition, dont une sur papier timbré, à produire par les compagnies de chemins de fer, dans la forme du modèle ci-dessous.)

CHEMIN DE FER d [1]

Facture des transports de troupes et de matériel, exécutées à [2] de la taxe du tarif légal, en conformité de l'article [3] du cahier des charges annexé à la loi de concession du [4]

PRIX DU TARIF.

Voyageurs. — 1re classe.......... 0 f. — 2e classe.......... 0 — 3e classe.......... 0 : par personne et par kilom., y compris l'impôt du dixième et double décime en sus.

Chevaux. — Vitesse des voyageurs.... 0 — Petite vitesse.... 0 : par tête et par kilomètre. — Chargement et déchargem. 0 : par tête.

Matériel.......... 0 : par 1,000 kilog. et par kilom.

Date du transport.	LIEUX de départ et de destination.	Nombre de kilom. parcourus.	Vitesse employée.	TROUPES transportées.	Nombre de militaires.	Indication des classes.	Nombre de chevaux.	Quantités de matériel.	PRIX calculés à raison du nombre de kilomètr. franchis et réduits à [2]	Décompte.	OBSERVATIONS.
				EFFECTIF [5].							
				Officiers supér.		1er		0			
				Officiers.....		2e		0			
				Sous-offic. et soldats.....		3e		0			
				Chevaux.....	0	0		0			
				MATÉRIEL [6].							
				De cantinière..	0	0	1	Voiture 1 kil.			
				Poids des bagages du corps ou détachem.	0	0	0	0			
									Total..		

A   le   185 .

Vu :

Le   de la compagnie,   *Le*

Certifié pour l'exécution du service, vérifié et arrêté par nous Intendant militaire { de la division } { à la résidence d } à la somme de   , laquelle a été ordonnancée ce jour, en un mandat n°

A   le   185 :

Intendant militaire,

RÈGLEMENT

SUR LE

TRANSPORT DES TROUPES D'INFANTERIE

PAR LES CHEMINS DE FER,

EN REMPLACEMENT DU RÈGLEMENT PROVISOIRE DU 10 SEPTEMBRE 1851.

SECTION PREMIÈRE.

PRESCRIPTIONS ET DONNÉES GÉNÉRALES.

Conditions du mouvement.

ART. 1er. Les transports sur les chemins de fer exigent, en raison de la masse et de la vitesse des trains, une sécurité complète et une grande célérité dans toutes les opérations qui précèdent ou suivent le mouvement. Ces conditions ne peuvent être remplies que par la régularité et l'exacte observation de toutes les règles du service d'exploitation.

En outre, les troupes voyageant par chemins de fer sont dans une situation analogue à celle des corps embarqués sur mer, où la direction de la route et une grande part d'autorité sont concentrées dans les mains des commandants de navires.

Pendant tout le voyage, le chef de corps ou de détachement est donc tenu de suivre strictement les indications qui lui sont données par l'employé chargé de diriger le train, auquel demeure la responsabilité du mouvement.

Ordre du mouvement. — Notification à faire ou à recevoir

2. L'administration du chemin de fer est prévenue le plus tôt possible, soit directement par le Ministre, soit par les généraux commandant les divisions, subdivisions et brigades territoriales ou actives, soit par les soins de l'intendance militaire, en vertu des ordres du commandement, de la force et de la composition des troupes à transporter, ainsi que des bagages ou du matériel à sa suite.

Aussitôt l'ordre de mouvement reçu, le chef de corps ou de détachement se concerte avec le chef de service du chemin de fer pour reconnaître le point d'embarquement, la composition qu'il convient de donner à chaque convoi et la disposition du matériel; enfin, pour savoir l'heure du départ et prendre connaissance de l'itinéraire, dont une copie lui est délivrée.

Le jour du départ du train, le chef de détachement

remet à l'agent supérieur de la compagnie la réquisition (modèle n° 1) portant l'état numérique définitif des hommes, des chevaux, voitures et bagages à transporter.

Le chef de service met le commandant en rapport avec les employés chargés de diriger les trains.

Division des troupes par trains complets.

3. Toutes les fois que la troupe à transporter exige plusieurs trains, on doit proportionner ceux-ci à la force des moteurs et les charger à plein, sans tenir compte des régiments, bataillons et compagnies.

Waggons pour le transport des hommes.

4. Les waggons à voyageurs des trois classes sont ordinairement employés au transport de l'infanterie; un dixième des places de troisième classe reste vide pour permettre de ranger tous les sacs sans gêner les hommes. Néanmoins, il peut y avoir obligation de faire voyager les officiers de tout grade en deuxième classe, lorsqu'il n'y a pas de voitures mixtes de première et de deuxième classe.

Quelquefois aussi il est absolument nécessaire de se servir, pour la troupe, de waggons à marchandises, couverts ou découverts, dans la limite d'un tiers au plus. Ces waggons devront toujours être pourvus de bancs suffisants pour asseoir, au moins, la moitié des hommes embarqués.

Waggons pour le transport des chevaux.

5. Les waggons à bœufs sont les meilleurs pour
transporter les chevaux: ils peuvent contenir de cinq
à neuf chevaux avec trois ou quatre hommes. On n'emploie les waggons-écuries à stalles que quand il y a
nécessité absolue de séparer les chevaux ou lorsque
le petit nombre des chevaux à transporter ne permet
pas de compléter le chargement d'un waggon à
bœufs.

Vivres à faire prendre par la troupe — Chargement des sacs.

6. La troupe est pourvue, avant le départ, des
vivres nécessaires pour toute la durée du voyage. Si
elle peut faire la soupe et recevoir une distribution de
pain à l'arrivée, ces vivres se composent d'une ration
de pain et d'une ration de viande froide (bœuf ou charcuterie); dans le cas contraire, de deux rations de
pain et de deux rations de même viande.

Pour cette fixation, il est tenu compte des chances
possibles de retard, à raison de trois à quatre heures
pour le voyage entier.

Le pain est placé sur le sac, la viande est renfermée
dans les petites gamelles, où il n'est rien mis de li-
quide; à défaut de ces dernières, la viande est logée
dans l'intérieur du pain.

Par exception à la décision ministérielle du 30 janvier 1855, *les effets d'habillement placés en dehors du
sac sont roulés et attachés, quels qu'ils soient, sur la*

partie supérieure, suivant les prescriptions de l'article 33 de cette décision, rien n'est fixé sur les côtés latéraux, afin que, dans les waggons, la charge ne dépasse pas les banquettes et ne soit pas exposée sous les pieds des hommes. Les supports de tentes-abris sont attachés aux fusils, le long de la baguette; les couvertures sont réunies par compagnie et chargées avec les bagages, à moins que le chef du détachement, vu l'état de la température, n'autorise les hommes à les garder avec eux pour se couvrir pendant la nuit. Dans ce cas, les couvertures sont roulées en sautoir.

Petits bidons à chaque homme.

7. Tous les hommes de troupe doivent être pourvus de petits bidons, lesquels sont remplis d'eau que l'on mélange avec de l'eau-de-vie dans la saison des chaleurs.

Arrivée de la troupe à la gare.

8. La troupe doit arriver au point désigné une heure avant le départ.

Ordre et composition des trains.

9. Les voitures destinées au transport sont rangées en convoi dans l'ordre suivant :

1° Un ou deux waggons à bagages ou à bestiaux, dans lesquels on charge les bagages de la troupe, les tambours, les gros instruments de musique;

2° Les waggons de troisième classe et, s'il y a lieu, tous autres waggons reconnus propres au transport de la troupe, en nombre correspondant à la moitié de l'effectif;

3° Un waggon de première ou de deuxième classe pour les officiers; on le complète, au besoin, avec des sous-officiers désignés à l'avance (petit état-major);

4° Le nombre de waggons nécessaire pour la seconde moitié de la troupe;

5° Un ou plusieurs waggons pour le transport des chevaux, selon le nombre qui en est accordé par le règlement *ou par l'ordre du Ministre;*

6° Un ou plusieurs waggons plats chargés de voitures particulières[1] appartenant à des officiers et des voitures de cantinières dont le transport est au compte de l'État, dans la proportion indiquée par la décision ministérielle du 28 juillet 1854, savoir : un cheval ou mulet et une voiture par cantinière.

Drapeau.

10. Lorsque la troupe a le drapeau avec elle, il est déposé dans le waggon du commandant ou dans tel autre qui puisse le contenir; dans ce cas, le porte-drapeau ou l'officier qui le remplace monte dans ce waggon.

Poste de police.

11. Il est formé un poste composé :
  d'un sergent,

---

1. L'admission, dans les trains, des voitures particulières appartenant à des officiers ne préjudicie en rien au droit des compagnies de percevoir le tarif entier pour lesdites voitures.

d'un caporal,

d'un tambour ou clairon

et d'un nombre de soldats proportionné à l'effectif : quinze hommes pour mille à douze cents. Ce poste occupe une partie du waggon à voyageurs placé en tête du train : il est préposé au maintien de l'ordre aux stations et à l'arrivée.

Les hommes punis de la prison occupent également une partie de cette voiture.

Embarquement des chevaux, voitures et bagages.

12. Les chevaux, les voitures dont le transport est régulièrement autorisé et les bagages sont conduits au chemin de fer une heure et demie avant le départ et chargés sous la direction des employés de ce chemin.

Les soldats, cantinières et domestiques qui ne voyagent pas avec les chevaux ou dans les voitures, vont reprendre leur rang.

Revue numérique du fonctionnaire de l'intendance et procès-verbal.

13. La revue numérique d'effectif, passée par le fonctionnaire de l'intendance, précède toujours l'opération de l'embarquement et se fait, autant que possible, avant l'entrée en gare. Dans tous les cas, elle doit avoir lieu de manière à ne retarder ni l'embarquement ni le départ.

Après cette revue, le sous-intendant militaire vérifie et vise la réquisition (modèle n° 1) qui constate l'effectif et doit servir de pièce justificative de la dépense.

SECTION II.

EMBARQUEMENT.

Responsabilité des officiers.

14. Tous les officiers sont responsables de la stricte et rigoureuse exécution des mouvements prescrits ; ils concourent personnellement à assurer la rapidité ainsi que le bon ordre si nécessaires à l'embarquement.

Ils ne montent eux-mêmes en voiture que cinq minutes avant le départ, après s'être assurés que la troupe est régulièrement établie.

Sous-officier, caporal ou ancien soldat, chef de waggon ou de compartiment.

15. Un sous-officier ou caporal, à défaut, le plus ancien soldat est le chef de chaque subdivision ; il est chargé d'y maintenir le bon ordre et de veiller à l'exécution de toutes les mesures ordonnées.

Formation en bataille ou en colonne. — Reconnaissance du matériel. — Désignations.

16. En arrivant dans la gare ou à proximité, et le plus près possible du quai ou de la voie d'embarquement, le chef de la troupe la fait former en bataille ou en colonne serrée, suivant les exigences du terrain. Immédiatement après la revue d'effectif, si elle n'a pas eu lieu antérieurement (voir article 13), il fait remettre la baïonnette et fait entrer dans le rang les sous-officiers, cantinières et enfants de troupe.

Accompagné de l'adjudant-major, des commandants de compagnies et de l'adjudant, il reconnaît rapidement la disposition et la nature du matériel; il donne les indications qu'il juge nécessaires pour assurer l'embarquement avec ordre et promptitude.

Il fait numéroter à la craie, par l'adjudant, les waggons destinés à la troupe, en commençant par le plus éloigné de l'entrée de la gare qui doit porter le n° 1. Les chiffres sont tracés sur le grand marchepied du waggon et non sur la caisse; ils doivent être très-apparents.

Immédiatement après avoir reconnu le matériel et reçu les instructions du commandant, les capitaines retournent à leurs compagnies.

Les tambours et les musiciens vont, sous la conduite de leurs chefs, déposer les caisses et les gros instruments dans le waggon qui leur est destiné; ils sont guidés par un ou deux employés du chemin de fer.

Le poste, les hommes punis de la prison, les sapeurs, les tambours et les musiciens occupent les premiers waggons du train, soit que la troupe s'embarque la droite ou la gauche en tête; ils montent immédiatement en voiture, en se conformant aux prescriptions de l'article **17** ci-après. Le tambour-major et le chef de musique dirigent cet embarquement.

Le commandant désigne un capitaine qui se tient à l'entrée de l'embarcadère pour indiquer successivement, dans l'ordre numérique et d'après une note préparée d'avance, au chef de chaque fraction, le waggon qu'il doit faire occuper. Il surveille l'embarquement des sapeurs, tambours et musiciens, pour que les compartiments des waggons soient complets.

Théorie du fractionnement.

17. L'adjudant-major divise sans retard le détachement en fractions correspondantes à la capacité des waggons, sans tenir aucun compte des compagnies; il commence par la droite ou par la gauche, selon la disposition de la gare, de manière à ce que les fractions, en entrant, puissent arriver à leur waggon sans avoir à dépasser les fractions précédentes; il place un sous-officier ou un caporal au premier rang des trois, quatre ou cinq premières files de chaque fraction, suivant le nombre de compartiments, afin qu'il y ait toujours un chef par subdivision; il désigne ensuite un officier, capitaine, lieutenant ou sous-lieutenant, pour conduire chaque fraction et la faire embarquer; celui-ci en prend le commandement et la dirige vers l'embarcadère, après avoir placé un sous-officier à l'arrière pour l'encadrer.

Si le corps s'embarque en commençant par la tête du train, l'adjudant-major comprend le poste, les hommes punis de la prison, les tambours, les musiciens et les sapeurs dans les premières fractions, et tient compte de leur nombre pour déterminer la première subdivision de la troupe proprement dite qui, ordinairement, doit compléter le second ou le troisième waggon.

Chaque officier fait marcher sa fraction en ordre et très-serrée, sur trois ou quatre de front, suivant l'arme. Arrivé à la hauteur et le plus près possible du waggon qu'il doit faire occuper, il s'arrête de sa personne, laisse filer la troupe jusqu'à ce que la tête soit arrivée devant la portière la plus éloignée ; il l'arrête alors et prend, selon la nature du matériel, une des dispositions suivantes :

1° *Waggons à un seul compartiment et à deux portières (Nord).*

Fig. 1. — Le chef de la fraction, après avoir commandé halte, fait passer la seconde moitié à droite ou à gauche de la première, de façon à ne pas occuper plus d'espace que son waggon ; il fait faire face au convoi par un *à droite* ou un *à gauche*, et il dispose aussitôt devant chaque portière les deux fractions qui doivent s'embarquer.

2° *Waggons à cinq compartiments (Lyon, nord* nouveau *modèle, et Méditerranée.)*

Fig. 2. — Les fractions étant de quarante-cinq hommes ou quinze files, l'officier fait doubler les files 6 à 10, à droite ou à gauche des cinq premières, et les files 11 à 15 à la suite. En faisant *à droite* ou *à gauche*, la troupe se trouve sur cinq files de neuf hommes, face aux portières des waggons.

Fig. 2 *bis.* — Les chasseurs à pied marchant sur quatre de front forment, par fraction, onze files et un homme en plus.

L'officier fait doubler les files 6 à 10 à droite ou à gauche des cinq premières ; les hommes restants doublent à la suite des secondes files. La troupe exécute un *à droite* ou un *à gauche*, sans que les numéros pairs reprennent leur place, et se trouve également formée sur cinq files de neuf hommes, face au waggon.

3° *Waggons à quatre compartiments* (*Est, Orléans, Ouest*).

Fig. 3. — Les fractions sont de trente-six hommes ou douze files ; l'officier fait doubler les files 5 à 8 à droite ou à gauche des quatre premières, et les files 9 à 12 derrière les secondes. Les files de neuf se trouvent formées face au waggon, après avoir exécuté un *à droite* ou un *à gauche*.

Fig. 3 *bis.* — Les chasseurs à pied ont neuf files de quatre hommes par fraction ; l'officier commandant dirige sa troupe en laissant le plus d'espace possible entre elles et les voitures. Arrivé vis-à-vis du milieu du waggon qui lui est destiné, il fait converser par file à droite ou à gauche et marcher les quatre premiers hommes jusqu'à la voiture. Les dernières files qui ne peuvent pas converser se rangent, par un mouvement de flanc, derrière les premières.

**4° *Waggons à trois compartiments du chemin de fer
de Rouen.***

Fig. 4. — Ces waggons, d'une contenance de trente
places, ne recevront que vingt-quatre militaires de
toutes armes, soit huit par compartiment.

Fig. 5 et 5 bis. — Dans le cas où l'espace manque-
rait pour former des files de neuf hommes, le commandant de chaque fraction ferait doubler à droite ou
à gauche de la tête, sur un ou deux rangs, les files dépassant la longueur du waggon. Il désignerait immédiatement les neuf hommes destinés à chaque compartiment et les ferait embarquer.

Embarquement successif des fractions et rangement des sacs.

18. Aussitôt que chaque fraction est arrêtée et formée devant son waggon, l'officier commandant donne
l'ordre d'ôter les sacs, de les prendre à la main, de ramener la giberne en avant et d'embarquer.

Chaque file ou subdivision se dirige vers la portière
du compartiment où elle doit monter. Les sous-officiers
et caporaux guident les soldats dans l'exécution des
prescriptions suivantes.

Les deux premiers hommes qui entrent dans le
waggon rangent leurs sacs sous les banquettes à l'extrémité opposée à la portière ouverte. Le second
prend le sac de l'homme suivant et le range de même,
au milieu ; celui-ci prend à son tour le sac du quatrième,
et ainsi de suite ; chaque homme, excepté les deux premiers, monte en waggon après que son sac est placé.

Les hommes se serrent vers le fond et ne doivent jamais obstruer l'entrée du waggon. Les trois derniers sacs sont déposés les uns sur les autres à la dixième place laissée vacante à cet effet. Les sacs chargés de marmites et de grandes gamelles, occupant plus de place, sont mis de préférence sous les banquettes.

S'il n'y a pas de compartiments, chaque homme range son sac après être entré dans le waggon. Les premiers embarqués occupent les places les plus éloignées des portières.

Chaque homme assis tient son fusil entre ses jambes, la crosse sur le plancher; il est interdit de déposer les armes sur les banquettes ou dans les encoignures, excepté aux haltes et stations (art. **22**, *fig. 6*).

Il est formellement défendu aux sous-officiers, caporaux et soldats de fermer les portières avant que l'officier en donne l'ordre; celui-ci veille avec le plus grand soin à ce que les *compartiments soient exactement remplis* et à ce que les sacs soient rangés comme il est dit plus haut, de manière à ne pas gêner les jambes des soldats. Enfin, il donne les instructions nécessaires pour l'exécution ponctuelle des mesures d'ordre et de police pendant la route.

L'embarquement dans les waggons à marchandises se fait d'une manière analogue; les hommes s'aident les uns les autres. S'il n'a pas été possible d'établir des bancs, ils se tiennent debout ou s'asseoient sur le plancher.

Inscription des numéros de compagnies sur les waggons.

19. Au fur et à mesure de l'embarquement, l'adjudant écrit sur le grand marchepied du waggon l'indication de la compagnie ou des compagnies qui l'occupent.

Revue simultanée de l'officier commandant et du chef du train.

20. L'officier commandant, responsable de tout ce qui concerne la troupe sous ses ordres, accompagné du chef du train, passe une revue rapide du convoi avant le signal du départ.

SECTION III.

ROUTES.

Mesures de police et de sûreté.

21. La troupe étant embarquée, il est rigoureusement interdit :

1° De sortir la tête ou les bras hors des parois des waggons pendant la marche ;

2° De passer d'une voiture dans une autre ;

3° De pousser des cris et surtout de descendre de waggon aux stations avant le signal convenu.

Haltes et stations.

22. Aux stations où, d'après l'itinéraire du train et le temps indiqué par l'employé qui dirige le mouvement, le commandant juge convenable que la troupe mette pied à terre, il fait connaître la durée de la halte aux officiers; ceux-ci se portent avec rapidité, pour diriger et surveiller le mouvement, à la hauteur des waggons où sont embarquées leurs compagnies respectives.

Le poste de police descend immédiatement et fournit des sentinelles partout où il en est besoin, et toujours du côté intérieur de la voie, pour empêcher les hommes d'ouvrir les portières des waggons, de descendre et de stationner entre les rails.

Au signal donné par une sonnerie ou une batterie convenue, les hommes, après avoir posé leurs fusils sur les banquettes, descendent en ordre et *exclusivement par les portières qui s'ouvrent sur le côté extérieur de la voie.* Les sacs restent dans les voitures. Personne ne sort des gares, et, quand on fait exception à cette règle, il est rigoureusement interdit d'escalader les clôtures du chemin. Trois minutes avant le départ, une sonnerie ou une batterie donne le signal du rembarquement, qui doit s'achever avec ordre et rapidité.

Les hommes sont libres de rester en voiture et d'y remonter avant le signal.

Il est essentiel qu'une halte de quinze minutes ait lieu toutes les deux à trois heures au plus.

Repas.

23. Le commandant de la troupe règle les heures des repas. Si dans l'itinéraire il se trouve une halte d'une heure environ, le repas est pris de préférence à cette station; dans ce cas, les hommes, sur l'avertissement des officiers, descendent de waggon avec leurs sacs, après avoir placé leurs fusils sur les banquettes.

Permutation des hommes des waggons à marchandises avec les hommes des waggons à voyageurs.

24. Pendant une halte, vers le milieu du trajet, si une partie de la troupe occupe des waggons à marchandises, le commandant fait passer les hommes de ces waggons à marchandises dans les waggons à voyageurs, et réciproquement, afin de répartir sur un plus grand nombre d'hommes les avantages et les inconvénients de ces diverses voitures; à cet effet, il désigne les voitures de troisième classe dans lesquelles doit se faire la mutation, prévient les officiers qui surveillent et dirigent le mouvement, puis il fait débarquer avec rapidité les uns et les autres. Le rembarquement se fait aussitôt après. De nouvelles indications sont tracées sur le grand marchepied des waggons où le changement s'est fait.

SECTION IV.

DÉBARQUEMENT.

Arrivée a destination.

25. A la station qui précède l'arrivée à destination, le commandant prévient la troupe de se tenir prête à sortir des waggons. Chaque homme remet sa tenue en ordre et reprend son sac qu'il tient alors sur ses genoux.

A l'arrivée du train dans la gare de destination ou sur le point désigné pour le débarquement, les officiers mettent pied à terre les premiers.

Le commandant reconnaît le terrain, en dehors de la gare, sur lequel la troupe doit se former, et l'indique aux officiers.

Débarquement.

26. Les hommes sortent en ordre des waggons, remettent leurs sacs, et, guidés par les officiers, se rendent sur le point choisi pour s'y reformer.

Il est essentiel que le quai de la gare soit évacué le plus promptement possible.

Déchargement des bagages et des chevaux.

27. Les bagages et les chevaux sont déchargés et remis à qui de droit par les employés du chemin de fer.

*Passage et stationnement temporaire à Paris, à Lyon ou à Bordeaux. —
Escorte de l'octroi dans ces places.*

28. Si la troupe doit débarquer dans l'une des places de Paris, Lyon ou Bordeaux, où aboutissent plusieurs lignes de fer, et se rembarquer sur une autre ligne, il y a lieu de prendre les dispositions suivantes :

Le chef du corps ou du détachement fait mettre à terre sa troupe, le plus promptement possible, dans la *gare d'arrivée*.

Les bagages et les fourrages ne sont pas visités par les employés de l'octroi. Ceux-ci fournissent une escorte jusqu'à la sortie, conformément à la note ministérielle publiée au *Journal militaire officiel*, le 5 juillet 1855, p. 17.

Le chef conduit immédiatement la troupe à l'emplacement désigné par l'état-major de la place ; il envoie viser sa feuille de route à l'état-major, fait prévenir l'intendance militaire et se rend immédiatement à la gare de départ, afin de reconnaître le matériel et le lieu d'embarquement, de vérifier l'heure du départ, etc.

A moins de circonstances exceptionnelles, comme les hommes ont dû recevoir, avant le départ, les vivres pour toute la durée du trajet, il n'y a pas lieu de leur faire distribuer de nouvelles rations de vivres dans les places de passage ou de stationnement.

29. TABLEAU

FAISANT CONNAÎTRE LE POIDS DES SOLDATS D'INFANTERIE ARMÉS ET ÉQUIPÉS.

	HOMME ARMÉ et équipé.
	kilogrammes.
Infanterie de ligne...............	88
Chasseurs à pied...............	84
Artillerie à pied et génie.........	89

Nombre de militaires par compartiment.

30. Les compartiments du modèle le plus en usage contiennent dix voyageurs civils ; mais le soldat, avec son arme, son sac et son équipement, est un voyageur exceptionnel. Les compagnies de chemins de fer n'ont fait aucune difficulté de le reconnaître.

En conséquence, la capacité des waggons sera utilisée ainsi qu'il suit :

Huit places, au lieu de dix, par compartiment, pour les grenadiers et les gendarmes de la garde impériale, les sapeurs et les musiciens de tous corps ;

Neuf places, au lieu de dix, par compartiment, pour tout autre corps d'infanterie.

Les places restées vides sont réservées pour le placement des sacs, des bonnets à poil et instruments qui n'auraient pu être rangés sous les banquettes.

Les soldats de tous corps, non équipés, occuperont

le même nombre de places, par compartiment, qu'occuperaient les voyageurs civils.

Par exception :

1° Les waggons du chemin de fer du Nord, qui n'ont pas de compartiments intérieurs et qui ont une contenance de trente-huit places, recevront seulement trente-deux militaires de la première catégorie (grenadiers, etc.) et trente-six de la seconde;

2° Les waggons de trente places, sur le chemin de Paris à Rouen, ne recevront que huit militaires de tous corps d'infanterie, par compartiment, soit vingt-quatre hommes au lieu de trente.

APPROUVÉ :

Paris, le 6 novembre 1855.

Le Maréchal de France,
Ministre Secrétaire d'État de la guerre,

VAILLANT.

RÈGLEMENT

SUR LE

TRANSPORT DES TROUPES DE CAVALERIE

PAR LES CHEMINS DE FER,

EN REMPLACEMENT DU RÈGLEMENT PROVISOIRE DU 16 SEPTEMBRE 1851.

SECTION PREMIÈRE.

PRESCRIPTIONS ET DONNÉES GÉNÉRALES.

Conditions du mouvement.

ART. 1er. Les transports sur les chemins de fer exigent, en raison de la masse et de la vitesse des trains, une sécurité complète et une grande célérité dans les opérations qui précèdent ou suivent le mouvement.

Ces conditions ne peuvent être remplies que par la régularité et l'exacte observation des règles du service d'exploitation.

En outre, les troupes voyageant par chemins de fer
sont dans une situation analogue à celle des corps embarqués sur mer, où la direction de la route et une
grande part d'autorité sont concentrées dans les mains
des commandants de navires.

Pendant tout le voyage, le chef de corps ou de détachement est donc tenu de suivre strictement les indications qui lui sont données par l'employé chargé de
diriger le train, auquel demeure la responsabilité du
mouvement.

Par le même motif, les officiers et la troupe doivent
se conformer aux recommandations des agents du
chemin de fer.

Ordre de mouvement. — Notification à faire ou à recevoir.

2. L'administration du chemin de fer est prévenue
le plus tôt possible, soit directement par le Ministre,
soit par les généraux commandant les divisions, subdivisions et brigades territoriales ou actives, soit par
les soins de l'intendance militaire, de la force et de la
composition en hommes, chevaux, voitures et bagages
des détachements à faire transporter.

Aussitôt que l'ordre du mouvement est reçu, le
chef de corps ou de détachement se concerte avec le
chef de service du chemin de fer pour reconnaître le
point d'embarquement, la nature du matériel, le nombre d'hommes et de chevaux à embarquer par waggon,
la composition qu'il convient de donner à chaque
convoi; enfin, pour savoir les heures de départ et

prendre connaissance des itinéraires, dont une copie lui est délivrée.

Le jour du départ, le chef de détachement remet à l'agent supérieur de la compagnie la réquisition (modèle n° 1) portant l'état numérique définitif des hommes, des chevaux, des voitures et des bagages à transporter.

Le chef de service met le commandant en rapport avec les employés chargés de diriger les trains.

Division de la troupe par trains complets.

3. Toutes les fois que la troupe à transporter exige plusieurs trains, on doit proportionner ceux-ci à la force des moteurs et les charger à plein, sans tenir compte des escadrons, divisions ou pelotons.

Waggons pour les hommes.

4. Les officiers voyagent en première ou en deuxième classe; leur petit nombre, par rapport à la masse des trains, et l'obligation de compléter leur waggon avec des sous-officiers et cavaliers, s'opposent ordinairement à l'emploi de la première classe, à moins qu'il n'y ait des voitures mixtes.

Une partie de la troupe s'embarque avec les chevaux à raison de quatre hommes par waggon.

Il y a un sous-officier ou brigadier et quatre cavaliers dans chaque waggon à selle. Le reste de l'effectif est transporté dans des waggons à voyageurs de troisième classe.

Waggons pour les chevaux.

5. Les waggons à bœufs, dans lesquels on fait exclusivement le transport des chevaux, sont des caisses rectangulaires couvertes, ayant leurs petits côtés pleins, leurs grands côtés pleins également jusqu'à un mètre du plancher et à claire-voie au-dessus. Ils s'ouvrent par des portes à deux battants ou à coulisses pratiquées sur le milieu des grands côtés. Les claires-voies sont fermées par des bâches ou rideaux imperméables et mobiles.

Les dimensions de ces voitures varient ainsi qu'il suit :

Longueur. . . . . $4^m, 12$ à $6^m, 00$
Largeur. . . . . $2^m, 30$ à $2^m, 50$
Hauteur des portes. . . . $1^m, 70$ à $1^m, 92$

Les waggons ayant $1^m, 90$ de hauteur sous le linteau de la porte peuvent recevoir les plus grands chevaux sellés; ceux de $1^m, 80$ admettent les chevaux de cavalerie légère avec le paquetage complet; ceux qui ont seulement le minimum de $1^m, 70$ (ligne d'Orléans) ne peuvent admettre que des chevaux dessellés de toutes armes.

Barre de fermeture provisoire [1].

6. Chaque waggon à bestiaux ou à marchandises doit être muni d'une barre de 10 centimètres d'équa-

1. L'expérience a démontré que, en maintenant les chevaux calmes, l'emploi des barres de fermeture provisoire n'est pas indispensable.

rissage sur **2** mètres de longueur, à angles arrondis, percée et garnie, à chacun des bouts, d'une corde moyenne assez longue pour s'attacher aux anneaux extérieurs des waggons (environ 1ᵐ, 20).

Cette barre se place intérieurement en travers de la porte et sert à empêcher les chevaux de reculer pendant les intervalles d'enlèvement des ponts et de fermeture des waggons.

Nombre de chevaux par waggon.

7. Le chargement du waggon dépend de sa longueur et de la grosseur des chevaux, qui varie suivant l'arme. Le plus petit waggon peut contenir cinq chevaux, le plus grand en contient neuf[1]. Il est essentiel que les chevaux soient serrés les uns contre les autres et n'aient pas assez d'espace pour se mouvoir.

Le tableau suivant donne la moyenne de cette grosseur et peut servir à déterminer le nombre de chevaux chargeant à plein chaque waggon. Le poids moyen des chevaux y est également indiqué, ainsi que la hauteur du paquetage.

Lorsque le dernier waggon n'est pas complétement rempli de chevaux, il faut maintenir serrés en un ou deux groupes ceux qu'on y embarque, au moyen de barres de 2ᵐ, 50 de longueur, analogues à la barre de fermeture, qui s'attachent par deux cordes aux anneaux

---

1. Les waggons-écuries, recevant trois chevaux au plus, ne peuvent être employés que comme appoint ou pour transports isolés.

extérieurs des côtés et se posent sur les parois longi-
tudinales. La porte du waggon doit toujours être libre.

INDICATION DES ARMES.		LARGEUR.	HAUTEUR.	POIDS.
Cavalerie de réserve.	(Chevaux sellés.	0,^m90	1^m,86	600 kil.
	(Chevaux dessellés . . .	0 ,70		560
Cavalerie de ligne. .	(Chevaux sellés	0 ,80	1 ,80	506
	(Chevaux dessellées. . .	0 ,65		473
Cavalerie légère . . .	(Chevaux sellés	0 ,75	1 ,76	424
	(Chevaux dessellés . . .	0 ,60		594

Strapontins pour asseoir les hommes

8. *Fig.* 1 *et* 7. — Les strapontins servant à asseoir
les cavaliers embarqués dans les waggons à chevaux
sont des planches de 2 centimètres et demi d'épaisseur, sur 45 centimètres de longueur et 30 centimètres de largeur, arrondies et percées aux quatre
coins pour laisser passer quatre bouts de corde de
1^m30 de longueur, arrêtés par des nœuds simples au-
dessous de la planche. Les deux cordes sortant de
chaque petit côté sont réunies par deux nœuds également simples, mais disposés de telle sorte qu'en mettant la planche à plat et tirant les cordes par ces
derniers nœuds on forme un triangle dans lequel la
perpendiculaire abaissée du sommet sur la planchette
tombe aux deux tiers du petit côté.

La distance du nœud au sommet du triangle à la
planchette est réglée pour que le siège se trouve à
60 centimètres du plancher du waggon.

On attache cet assemblage aux barres longitudi-

nales des waggons par les bouts dépassant les nœuds
de réunion, la corde la plus courte contre la paroi du
waggon, la planchette à la hauteur ci-dessus indiquée,
légèrement inclinée en arrière, et les nœuds de réunion contre l'angle inférieur interne de la barre.

Chaque strapontin doit avoir son milieu à 75 centimètres du bout du waggon, afin que le cavalier assis
soit entre les têtes des chevaux extrêmes et celles de
leurs voisins.

Il est expressément interdit aux cavaliers de dé-
placer les strapontins; ils changent entre eux pour
s'asseoir à tour de rôle.

Pendant l'embarquement des chevaux, les plan-
chettes sont passées à l'extérieur du waggon ou engagées entre la barre longitudinale et la bâche. Les cavaliers les remettent à leur place en les laissant retom-
ber quand le waggon est fermé.

Waggons pour les selles.

9. Les selles sont convenablement embarquées
avec leur paquetage complet dans les waggons à bagages et à freins extérieurs qui peuvent en recevoir
soixante. Ces waggons sont des caisses rectangulaires
entièrement closes, fermées par des portes à deux
vantaux, s'ouvrant à coulisse et garnies de serrures;
leur hauteur varie de 1^m65 à 1^m80.

Accessoires pour embarquer ou débarquer.

10. Pour embarquer ou débarquer les chevaux, il faut:

1° Sur un quai, des plateaux attachés aux waggons et faisant partie de la porte, ou des plateaux volants, de la largeur des ouvertures, ayant un mètre de longueur, assez solides pour ne pas fléchir sous le poids des chevaux et joignant le terre-plein au plancher des waggons.

2° Sur un point quelconque de la voie, un pont, soit en madriers de sapin, à tabliers de chêne, soit de toute autre construction solide, de 5 mètres de longueur sur une largeur dépassant de 20 centimètres celle des portes des waggons. La rampe se place devant l'ouverture du waggon, de manière à raser le plancher; sa partie supérieure repose sur l'essieu d'une paire de roues moyennes ou sur un chevalet de hauteur et de force convenables. Elle peut encore être supportée par deux fortes pièces de fer ajustées sous les madriers et posant sur le plancher même des waggons.

On fait établir, autant que possible, des gardes-corps de 60 centimètres, à droite et à gauche du pont. On peut y suppléer par des barres de 8 à 10 centimètres d'équarrissage et de cinq mètres de longueur, attachées aux portes des waggons et tenues en bas par deux hommes, à la hauteur de la ceinture.

Dans le cas où l'inclinaison est gardée au moyen d'un support, on peut faire passer les waggons successivement devant les ponts. Si, au contraire, la rampe repose sur le plancher, il faut la porter de waggon en waggon, ce qui est assez difficile, en raison du poids de ce plateau.

Un ou deux grands ponts accompagnent toujours chaque train chargé de cavalerie, pour le cas où il y aurait nécessité de débarquer en route et hors d'une gare.

Vivres pour la troupe. — Ration des chevaux.

11. La troupe est pourvue des vivres nécessaires pendant toute la durée du voyage ; ces vivres se composent ainsi qu'il suit :

1° Hommes :

Une ration de pain et une ration de viande froide (bœuf ou charcuterie), si on peut faire la soupe et recevoir une distribution de pain à l'arrivée ; dans le cas contraire, deux rations de pain et deux rations de même viande.

2° Chevaux :

Foin :

	CAVALERIE	
	de réserve, artillerie et train des équipag.	de ligne ou légère.
Pour un voyage devant durer moins de 12 heures.	3 kilog.	2 kilog.
— de 12 à 24 heures............	5 »	4 »
— de plus de 24 heures.....	10 »	8 »

Avoine :

Une demi-ration de route, *en sac, pour faire manger le plus tôt possible après le débarquement.* Les sacs sont chargés, soit dans le waggon à bagages, soit dans le dernier waggon à selles, lorsqu'il y a de la place.

Les vivres sont mis dans une des poches du bissac

que chaque homme de troupe prend avec lui; la viande est placée dans l'intérieur du pain.

Le foin est délivré pressé ou réduit en bottillons du plus petit volume possible; on le place dans les waggons à chevaux, avant l'embarquement de ceux-ci.

Dans le cas où la troupe doit faire arrêt à Paris, Bordeaux ou Lyon, les fourrages, au départ, ne sont pris que pour la première partie du voyage. Ce qui est nécessaire pour le reste du trajet est fourni par les magasins de l'État, dans la localité d'arrêt.

Si la durée de l'arrêt devait dépasser huit heures, le magasin fournirait en outre une demi-ration de foin.

Petits bidons à chaque homme

12. Tous les hommes de troupe doivent être pourvus de petits bidons, lesquels sont remplis d'eau que l'on mélange avec de l'eau-de-vie dans la saison des chaleurs.

Arrivée de la troupe à la gare de départ.

13. La troupe arrive au point désigné pour l'embarquement *deux heures*, au moins, *avant le moment du départ*. Elle porte le manteau en sautoir, si la température est froide, afin de pouvoir s'en servir en voyage.

Les chevaux doivent avoir fini de manger deux heures au moins avant de commencer l'embarquement, et leur dernier repas doit se composer exclusivement de foin, à raison de 2 kil. 50 par cheval de cavalerie de réserve, et de 2 kil. par cheval de cavalerie de ligne ou légère; on fait boire après le repas.

Les chevaux sont alors plus calmes, plus dociles et mangent mieux pendant la route.

Ordre et composition des convois.

14. Les voitures d'un train de cavalerie sont disposées dans l'ordre suivant :

1° Un waggon plat, portant un ou deux grands ponts de débarquement ;

2° Un waggon fermé contenant les bagages de la troupe ;

3° La moitié des waggons chargés de selles et de chevaux ;

4° Un ou deux waggons de troisième classe pour la troupe ;

5° Un waggon mixte ou de deuxième classe pour les officiers ; on le complète avec les sous-officiers du petit état-major, et subsidiairement avec les autres ; ils doivent être désignés d'avance ;

6° La seconde moitié des waggons chargés de selles et de chevaux ;

7° Un ou plusieurs waggons plats portant les *voitures[1] particulières des officiers* et des cantinières dont le transport est au compte de l'État, dans la proportion indiquée par la décision ministérielle du

---

1. L'admission, dans les trains, des voitures particulières appartenant à des officiers *ne préjudicie* en rien au *droit* des compagnies de percevoir le tarif entier pour lesdites voitures.

28 juillet 1854, savoir : un cheval ou mulet et une voiture par cantinière.

Si le quai d'embarquement est assez étendu ou si le nombre des ponts est suffisant, le train est disposé d'avance, suivant l'ordre ci-dessus indiqué, et l'embarquement peut avoir lieu dans tous les waggons à la fois ; dans le cas contraire, qui est habituel, *on doit toujours charger le plus possible de chevaux en même temps.* A cet effet, les manœuvres nécessaires pour amener les waggons au point d'embarquement et mettre le train en état de marcher sont exécutées par les employés du chemin de fer, aidés par les cavaliers disponibles.

Il en est de même pour les dispositions que peut exiger le débarquement.

Étendard.

15. Lorsque la troupe a l'étendard avec elle, il est déposé dans le waggon du commandant, ou, à défaut d'espace, dans tel autre qui puisse le contenir. Le porte-étendard ou l'officier qui le remplace occupe alors le même waggon.

Poste de police.

16. Il est formé un poste composé
    d'un maréchal des logis,
    d'un brigadier,
    d'un trompette
et d'un nombre de cavaliers proportionné à l'effectif,

pris, autant que possible, parmi les hommes à pied (environ huit hommes pour cent cinquante).

Ce poste occupe une partie du waggon le plus voisin de celui des officiers; il est préposé au maintien de l'ordre, aux stations et à l'arrivée.

Embarquement des voitures et bagages.

17. Les voitures et les bagages sont conduits au chemin de fer trente minutes avant l'arrivée du corps et sont chargés sous la direction des employés de ce chemin.

Les cavaliers d'escorte, les cantinières et les domestiques qui ne voyagent pas dans les voitures qu'ils accompagnent, attendent le détachement pour s'embarquer avec lui.

Foin et avoine. — Paille pour garnir les waggons à chevaux et à selles.

18. L'avoine et le foin pour la route sont amenés à la gare par les soins de l'administration militaire, à défaut de moyens de transport particuliers au détachement. Il en est de même de la paille destinée, soit aux waggons à chevaux, soit aux waggons à selles. Cette dernière doit être façonnée en bottillons cylindriques de $0^m,80$ de longueur sur $0^m,25$ à $0^m,30$ au plus de diamètre, attachés avec deux liens. Il faut un bottillon par série de cinq selles. La paille est fournie par les magasins militaires. Deux bottes de paille pour litière suffisent par waggon à chevaux.

Revue numérique des fonctionnaires de l'intendance.

19. La revue numérique de la troupe est toujours passée avant de commencer l'embarquement et se fait, autant que possible, avant l'entrée de la troupe à la gare. Dans tous les cas, elle doit avoir lieu de manière à ne retarder ni l'embarquement ni le départ.

Après cette revue, le sous-intendant militaire vérifie et vise la réquisition (modèle n° 1) qui constate l'effectif et doit servir de pièce justificative de la dépense.

SECTION II.

EMBARQUEMENT.

Les officiers sont responsables.

20. Tous les officiers assurent l'exécution des mouvements prescrits ; ils sont responsables de la célérité et du bon ordre dans l'embarquement ; ils montent en voiture les derniers et cinq minutes avant le départ.

Sous-officier, brigadier ou plus ancien soldat, chef de waggon ou de compartiment.

21. Chaque waggon d'hommes ou de chevaux a

pour chef le plus ancien cavalier, si aucun maréchal des logis ou brigadier n'y est embarqué. Le chef de waggon est chargé de maintenir le bon ordre et de veiller à l'exécution de toutes les mesures indiquées.

En principe, les chevaux doivent être embarqués dessellés.

22. A moins d'ordres particuliers et formels, *les chevaux sont toujours dessellés* pour voyager par chemin de fer. Cette mesure est indispensable pour améliorer les conditions hygiéniques du transport, éviter les détériorations au harnachement et tirer le plus grand parti possible du matériel propre à recevoir des chevaux. Les chevaux ne sont pas débridés.

Formation en bataille — Désignations.

23. Le corps ou détachement à embarquer, arrivant en colonne dans la gare ou à proximité, est formé en bataille sur un rang, le plus près possible des wagons ; chaque cavalier du second rang prend la gauche de son chef de file, ainsi qu'il est prescrit à l'article 42 du règlement du 3 mai 1832, sur le service des armées en campagne.

Les sous-officiers en serre-file se joignent au reste de la troupe et rentrent dans le rang.

Un officier est désigné pour suivre l'embarquement et faire écrire sur les deux côtés de chaque voiture, par un sous-officier ou brigadier mis à sa disposition, les numéros du peloton et de l'escadron auxquels appartiennent les hommes et les chevaux qu'elle contient.

Un sous-officier ou brigadier est également désigné pour veiller au chargement des selles dans chaque waggon à bagages, ainsi qu'au déchargement à l'arrivée ; quatre cavaliers, pris parmi les hommes à pied et auxquels il devra avoir été fait une théorie détaillée sont adjoints à chacun de ces sous-officiers ou brigadiers.

Les employés du chemin de fer indiquent immédiatement les waggons destinés pour les selles aux chefs désignés, qui se portent avec leurs hommes à ces waggons et y font disposer les bottes de paille cylindriques, savoir : six contre le grand côté qui fait face à la porte, trois à droite de la porte et deux à gauche ; toutes perpendiculaires au grand côté du waggon.

Fractionnement.

24. Le commandant fait compter les chevaux par fractions de cinq, six, sept, huit ou neuf, selon la contenance des waggons. Les cavaliers qui tiennent deux chevaux comptent deux numéros. On déplace un cavalier, si cela est nécessaire, pour que les deux chevaux soient embarqués dans le même waggon. Les sous-officiers prennent les derniers numéros de leur fraction.

Le commandant désigne les cavaliers dont les selles doivent former le chargement de chaque waggon à bagages, à raison de cinquante à soixante ou environ un peloton et demi à deux pelotons par voiture.

Les officiers font réunir leurs chevaux à ceux de la troupe, en choisissant les places qui leur paraissent les plus convenables.

Les fractions sont dirigées vers le quai ou sur les points d'embarquement; elles sont rangées ensemble ou successivement, sur un ou deux rangs, selon la disposition locale, devant les waggons qu'elles doivent occuper.

Les dragons placent le fusil à la grenadière; les chasseurs et les hussards accrochent le mousqueton.

Le commandant fait mettre pied à terre à volonté et le sabre au crochet.

Lanciers. Les flammes sont roulées autour de la hampe; deux cavaliers par fraction prennent chacun trois ou quatre lances et les placent dans le waggon de cette fraction par les moyens suivants :

Introduire les lances dans la voiture obliquement à gauche, jusqu'à ce que les sabots se trouvent en dedans de la traverse de droite; élever les sabots, les faire passer sur cette traverse et y faire glisser les hampes diagonalement, jusqu'à ce que la pointe ait dépassé la traverse de gauche en dedans; engager les armes sur cette traverse, par un mouvement contraire au précédent, et réunir les lances contre le linteau de la porte d'entrée, en les fixant au moyen d'une corde ou d'une lanière, sur chaque traverse.

Lorsqu'il n'y a pas de traverse, les lances sont attachées à la barre supérieure qui touche le toit.

Reconnaissance du matériel.

25. Aussitôt que les fractions sont arrivées devant leurs waggons, les officiers reconnaissent les voitures assignées à leurs pelotons respectifs ; ils les font garnir de paille à raison de deux bottes par waggon, la litière s'étendant sur le pont ou plateau, soit par des cavaliers non montés, soit par des employés du chemin de fer. Ils s'assurent que deux strapontins sont attachés à la barre de tête de chaque waggon et que le siége en est passé en dehors, entre la barre longitudinale et la bâche qui doit être baissée. Ils font disposer le fourrage le long de la grande paroi du waggon en face de la porte.

La bâche du côté de l'entrée doit être relevée.

Dispositions pour embarquer.

26. Les diverses fractions prêtes à embarquer, ou tout le détachement, s'il est en entier à portée des waggons à bagages, commencent à desseller en même temps ; les cavaliers numéros pairs tiennent les chevaux de leurs voisins de droite numéros impairs ; ceux-ci les aident à leur tour, avant ou après avoir porté leur harnachement au waggon à selles.

Les chevaux restent bridés.

Si l'ordre en est donné, on étend les couvertes pliées en quatre et on les fixe avec le surfaix sur les chevaux.

La croupière, le poitrail, la sangle et, s'il y a lieu,

la couverte sont réunis sur la schabraque et maintenus par le surfaix ; les étriers sont relevés et attachés.

Les selles ainsi disposées sont portées par les cavaliers numéros impairs auprès du waggon à bagages et déposées à terre sur le point désigné par le sous-officier ou brigadier qui dirige le chargement ; ces cavaliers retournent sans délai à leurs fractions, pour tenir les chevaux ; les numéros pairs portent, à leur tour, leur harnachement au même waggon, et le déposent, sur l'indication du chef, auprès de celui des numéros impairs ; ils retournent vivement à leurs chevaux pour les embarquer.

Embarquement des selles.

27. Le sous-officier ou brigadier chef de waggon à selles fait opérer le chargement par les cavaliers sous ses ordres ; ceux-ci sont disposés de la manière suivante :

Ils quittent leurs armes et les déposent en lieu de sûreté.

Les deux premiers entrent dans le waggon et se placent de chaque côté de la porte ; ce sont les chargeurs.

Les deux autres leur apportent les selles, en commençant par la droite du peloton ou de la fraction de peloton qui fournit les premiers harnachements ; ils restent en dehors ; ce sont les aides ou porteurs.

Fig. 2 et 3. — Le premier chargeur, ayant reçu la selle apportée par le premier aide, la place au fond du waggon à droite, sur le bottillon cylindrique, le porte-manteau contre la paroi longitudinale du waggon et les fontes vers le milieu. Il range successivement les selles suivantes sur le même rang en s'avançant vers le milieu du waggon.

Le deuxième chargeur place la première selle qu'il reçoit au fond du waggon à gauche, sur le bottillon cylindrique, et range les suivantes en s'avançant vers son camarade.

Fig. 4. — Tous deux ont soin de juxtaposer les paquetages de façon à ce qu'ils soient parfaitement alignés. Dès que les chargeurs se sont joints, ils recommencent à ranger les selles sur les premières, en partant des deux bouts du waggon, et forment ainsi des piles de cinq ou six selles. Les paquetages des officiers sont mis à la partie supérieure.

Le fond d'un waggon reçoit ainsi les selles d'un peloton au moins.

Les cinq bottillons disposés du côté de la porte servent à leur tour de supports aux harnachements d'une portion de peloton. Il est très-essentiel que ces deux groupes isolés soient formés avec le plus grand soin, pour que les piles ne risquent pas de se renverser dans l'espace laissé libre devant la porte. Ces piles une fois établies, on ne doit plus toucher aux selles qu'au lieu de destination.

Par cette méthode, le chargement des selles peut se faire aussi vite et aussi facilement sur un point quelconque de la voie que sur le quai lui-même.

Le chef de waggon peut prendre, en outre, telle disposition qui aiderait à faire reconnaître à quels pelotons appartiennent les divers groupes de selles, afin de les rendre facilement à leurs cavaliers au point d'arrivée. (Voir le renvoi à l'article 37.)

Il est bien entendu que le chef de waggon est responsable du chargement complet et non pas seulement des selles du peloton auquel il appartient.

Ce sous-officier ou brigadier et ses quatre aides montent dans leur waggon après avoir repris leurs armes.

Embarquement des chevaux.

28. *Fig.* 5 et 6. — Dès que tous les cavaliers sont revenus à leurs chevaux, l'embarquement a lieu, sur l'avertissement d'un officier, dans tous les waggons disponibles à la fois.

Les cavaliers qui font appuyer leurs chevaux à droite se placent en partant du côté du montoir; ceux qui font appuyer à gauche, du côté hors montoir; les uns et les autres marchent franchement et sans regarder leurs chevaux.

Le premier cavalier de chaque fraction dirige son cheval, en lui faisant baisser la tête, sur le milieu de la porte du waggon.

Aussitôt entré, il fait appuyer son cheval sur la droite, contre la paroi latérale de ce côté, la tête opposée à l'entrée du waggon.

Le deuxième cavalier suit le premier et fait ranger son cheval à gauche, en le plaçant vers le centre de la voiture.

Le troisième cavalier fait appuyer son cheval contre celui du premier; le quatrième contre celui du second.

Le premier et le deuxième cavalier prennent les chevaux du troisième et du quatrième; ces deux derniers se placent entre leurs chevaux et les maintiennent dans leur position, en laissant la porte libre; ils saisissent l'extrémité de la longe ou des rênes des chevaux suivants et les font entrer dans le waggon.

Il est essentiel d'exécuter ces divers mouvements avec ordre et rapidité, afin de ne pas laisser aux premiers chevaux embarqués le temps de se mettre en travers du waggon. Si un cheval résiste, on fait avancer le suivant, et le premier est entraîné vivement à la suite. Autant que possible, il faut faire entrer d'abord les chevaux dociles; les autres, n'ayant pas à appuyer à droite ou à gauche, opposent moins d'efforts. Lorsqu'un cheval se met en travers de la porte, son cavalier lui ramène la tête vers l'intérieur du waggon et le fait ranger dans le coin en reculant. Il convient, au reste, d'employer préférablement les moyens de douceur; d'ailleurs, les chevaux font moins de difficultés pour entrer dans le waggon, lorsque le fourrage y a été déposé à l'avance, comme il est prescrit à l'article 25. (*Fig.* 5.)

Les cavaliers dont les numéros sont au-dessus de quatre, et parmi lesquels se trouvent les sous-officiers, restent en dehors des waggons. Dès que le dernier cheval est entré, ils mettent la barre de fermeture provisoire, relèvent ou retirent le pont et ferment les portes [1]. Ils prennent ensuite la barre et la passent aux hommes restés dans le waggon.

Les chevaux sont attachés à la barre de tête avec la longe du licol, ce qui permet de débrider. *On ne doit point débrider avant que le train soit en marche;* alors trois ou quatre brides sont réunies, liées ensemble à la têtière par les rênes de l'une d'elles et attachées à la barre du waggon avec les mêmes rênes, vers les encoignures.

Fig. 7.—Les cavaliers ramènent les siéges des strapontins à l'intérieur et les placent inclinés en arrière, contre la paroi, pour s'asseoir. Ils ne touchent pas aux cordes de suspension.

Toutes les fois que la disposition de la gare nécessite des manœuvres de formation de train sur les plaques tournantes, ou si les quais le permettent, on dirige la tête des chevaux vers l'extérieur de la voie. On peut alors faire relever les bâches devant les chevaux.

Embarquement des hommes.

29. Tous les hommes montés ou non montés restés en dehors sont réunis dans un waggon de troisième classe et partagés en fractions correspondant à la capacité des compartiments des waggons; les sous-officiers complètent le waggon des officiers, s'il y a lieu.

Chacun tient ses armes entre ses jambes ou à côté de soi, la crosse ou le fourreau sur le plancher.

---

1. S'il n'y a pas de barre de fermeture provisoire, ils calment les chevaux, relèvent ou retirent le pont.

Il est interdit de déposer les fusils ou mousquetons dans les encoignures ou sur les banquettes, excepté pendant les haltes et stations.

Dans les waggons-écuries, on a soin de ne pas laisser les armes à portée des pieds des chevaux.

Il est formellement défendu aux hommes d'y fumer.

Indications à écrire sur les waggons.

30. L'officier préposé à cet effet, assisté de deux sous-officiers ou brigadiers, fait écrire avec de la craie, au fur et à mesure de l'embarquement, sur les panneaux des waggons à chevaux et à selles, l'indication des pelotons et escadrons auxquels appartiennent les uns et les autres.

Ces inscriptions servent à faire retrouver les places aux stations où les cavaliers peuvent descendre et à faciliter le débarquement à l'arrivée, en aidant chacun à reprendre son harnachement, son cheval et sa place.

Elles doivent être faites des deux côtés de chaque waggon.

Revue avant le départ.

31. Aussitôt que l'embarquement est terminé, l'officier commandant et le chef de train passent la revue des waggons et font rectifier immédiatement les dispositions défectueuses.

SECTION III.

ROUTE.

—

Mesures de police et de sûreté.

32. La troupe étant embarquée, il est rigoureusement interdit :

1° De sortir la tête ou les bras hors des waggons pendant la marche ;

2° De passer d'une voiture dans une autre ;

3° De pousser des cris ;

4° De descendre de waggon aux stations avant le signal convenu.

Les cavaliers placés près des chevaux les empêchent d'avancer la tête hors du waggon ; ils leur font manger du foin à la main pendant la marche du convoi.

A tous les coups de sifflet de la locomotive, les cavaliers prennent les chevaux par la bride ou le licol, pour les soutenir dans les chocs ou les oscillations du mouvement et pour les empêcher de s'effrayer.

En cas d'accident, les cavaliers des waggons à chevaux font un signal extérieur, soit au moyen d'un fanion, soit en agitant un mouchoir.

Haltes et stations.

33. Aux stations où, d'après l'itinéraire du train et le temps indiqué par l'employé qui dirige le voyage, le commandant juge convenable que la troupe mette pied à terre, il fait connaître la durée de la halte aux officiers; ceux-ci se portent, pour diriger le mouvement, à la hauteur des waggons où sont embarqués leurs pelotons respectifs.

Le poste de police descend immédiatement et fournit des sentinelles partout où il en est besoin, en particulier du côté intérieur de la voie, pour empêcher les hommes d'y stationner ou d'ouvrir les portes des waggons.

Les hommes embarqués avec les chevaux descendent en passant par-dessus la paroi des waggons. Si on juge nécessaire de faire ouvrir les portes, la barre de fermeture est placée préalablement. On relève les strapontins et on les passe à l'extérieur des waggons.

Lorsque la tête des chevaux est tournée vers l'intérieur de la voie, les cavaliers descendent sur l'entrevoie, à un signal particulier convenu avec le chef de service, mais ils se portent immédiatement sur le quai ou le terre-plein extérieur du chemin.

A la sonnerie d'un demi-appel, les cavaliers des waggons à voyageurs descendent en ordre, exclusivement par les portières qui s'ouvrent sur le côté extérieur de la voie. Personne ne sort des gares, et, quand on fait exception à cette règle, il est rigoureusement interdit d'escalader les clôtures du chemin. Cinq minutes avant le départ, une sonnerie donne le signal du rembarquement, qui doit s'achever avec ordre et rapidité.

Les cavaliers sont libres de rester en voiture et d'y remonter avant le signal; mais ils ne doivent jamais laisser leurs armes à la portée des pieds des chevaux.

Il est essentiel qu'une halte de quinze minutes ait lieu toutes les trois heures au moins.

A la station qui précède immédiatement le point d'arrivée, le chef de la troupe donne l'ordre de brider les chevaux, de ramasser le fourrage qui ne serait pas mangé et d'en former une botte par waggon.

Enfin, il est prescrit aux hommes de remettre leur tenue en ordre, pour être prêts à débarquer au premier signal.

Repas.

34. Le commandant de la troupe règle les heures des repas. Si, dans l'itinéraire du train, il se trouve une halte d'une heure, le repas est pris de préférence à cette station.

En principe, l'avoine ne doit être distribuée qu'après le débarquement (voir article 11) et non pendant le trajet sur la voie ferrée.

Pendant tous les arrêts, il y a au moins un cavalier de garde d'écurie pour deux waggons à chevaux.

Les cavaliers de garde d'écurie sont relevés à la moitié de la grande halte.

Le foin est donné à la main par les cavaliers pendant la marche du convoi.

En temps ordinaire, les chevaux ne sont abreuvés que si la durée du trajet est de plus de douze heures ; dans ce cas même, ils ont besoin de peu d'eau, et un seau d'eau de dimension moyenne suffit pour deux chevaux.

Permutation des hommes des waggons à chevaux avec les hommes
des waggons à voyageurs.

35. A la grande halte ou à l'une de celles qui se trouvent au milieu du trajet, tous les cavaliers mettent pied à terre ; ceux des waggons à voyageurs montent vivement dans les waggons qui portent les chevaux de leurs pelotons respectifs et sont remplacés par les premiers restés avec les chevaux au moment du départ. La gare où ce mouvement a lieu est choisie, de concert avec la direction du chemin de fer, de façon à ce qu'il n'y passe aucun autre train pendant son exécution.

SECTION IV.

DÉBARQUEMENT.

Arrivée.

36. A l'arrivée du train dans la gare de destination ou sur le point désigné pour le débarquement, les officiers descendent de voiture les premiers.

Le commandant reconnaît le terrain sur lequel la troupe doit se former et l'indique aux officiers.

Débarquement des hommes, des selles et des chevaux.

37. Un demi-appel donne le signal du débarquement. Les officiers se portent, avec les hommes embarqués dans les waggons à voyageurs, aux waggons où se trouvent les chevaux de leurs pelotons respectifs.

Les sous-officiers ou brigadiers chefs des waggons à selles commencent tout de suite à faire débarquer le harnachement, qui est rangé par pelotons dans l'ordre où les cavaliers l'ont déposé au départ [1].

---

1. Un moyen bien simple a été employé avec succès par un escadron, pour que chacun pût reconnaître sa selle, lors du débarquement; chaque selle portait le nom du cavalier sur un papie

Dès que les waggons à chevaux sont au bord du quai ou que les grands ponts sont placés, les cavaliers des waggons à voyageurs ouvrent les portes, disposent les plateaux et aident les autres à faire sortir les chevaux dans l'ordre inverse de celui où ils sont entrés.

Si la tête des chevaux est opposée au quai, on fait sortir les deux premiers en reculant, et les autres exécutent un demi-tour dans le waggon pour franchir la porte.

Les chevaux sont formés sur un ou deux rangs, à portée des waggons à selles. Trois cavaliers sur quatre vont chercher le harnachement; le quatrième tient les chevaux.

Les chefs des waggons à selles désignent les pelotons qui peuvent emporter leurs paquetages les premiers et appellent successivement les autres.

On selle les chevaux, chaque cavalier, brigadier ou sous-officier aidant son voisin dans cette opération.

Les chevaux étant sellés, la troupe monte à cheval et se rend sur le point désigné pour s'y reformer.

Débarquement des bagages et voitures.

38. Les bagages et voitures sont déchargés et remis à qui de droit par les employés du chemin de fer.

ou sur un petit carton passé dans une boucle du harnachement. Cet escadron a été formé et prêt à partir vingt minutes avant les autres escadrons.

SECTION V.

DISPOSITIONS EXCEPTIONNELLES

Modification du paquetage lorsqu'on embarque les chevaux sellés

39. Lorsque les waggons sont assez élevés et que, par exception, l'ordre est donné de faire embarquer les chevaux avec leurs selles, on dispose le paquetage de la manière suivante :

Enlever le surfaix ;

Déboucler les deux courroies de paquetage de devant ou relever la courroie de charge, selon le harnachement ancien ou nouveau modèle ;

Rabattre la schabraque sur le siège de la selle ; remettre le surfaix ;

Ramener le manteau en avant ou en arrière des fontes, lorsque les hommes ne le prennent pas en sautoir, de manière à ce qu'il n'augmente pas la saillie des sacoches ou des fontes.

Cet arrangement diminue la largeur du paquetage et supprime quelques chances de détérioration.

Les chevaux sont toujours sanglés ; la croupière et le poitrail restent en place.

Examen et rectification du paquetage à l'arrivée.

40. Après avoir débarqué, les officiers examinent le paquetage avec la plus grande attention et donnent l'ordre de le rectifier, s'il y a lieu, avant de faire monter à cheval.

Passage et stationnement temporaire à Paris, à Bordeaux ou à Lyon. — Escorte de l'octroi dans les places.

41. Lorsqu'une troupe voyageant par les chemins de fer doit débarquer dans l'une des places de Paris, Lyon ou Bordeaux, où aboutissent plusieurs lignes de fer, et se rembarquer sur une autre ligne, il y a lieu de prendre les dispositions suivantes :

Le chef de corps ou de détachement fait mettre à terre sa troupe le plus promptement possible dans la gare d'arrivée, les bagages et les fourrages qui accompagnent la troupe ne sont pas visités par les employés de l'octroi. Ceux-ci fournissent une escorte jusqu'à la sortie conformément à la note ministérielle publiée au *Journal militaire officiel*, le 5 juillet 1855, page 17.

Le chef de corps ou de détachement conduit immédiatement sa troupe à l'emplacement désigné par l'état-major de la place. Là il donne ses ordres pour faire boire les chevaux et leur faire manger le repas d'avoine apporté en sacs.

Il envoie viser sa feuille de route à l'état-major, fait prévenir l'intendance militaire et se rend immédiatement à la gare de départ, afin de reconnaître le matériel, le lieu d'embarquement et vérifier l'heure du départ. Il prend ses dispositions en conséquence.

Il s'assure que les fourrages pour le reste de la route (foin et avoine), ainsi que les bottillons de paille pour la litière et pour les selles, ont été fournis ou seront fournis à temps à la gare de départ, en exécution des ordres donnés par l'intendance locale (Art. 11 et 18 du règlement).

A moins d'ordres contraires, il ne doit pas être fait de distribution de ration journalière de fourrage.

Quant aux hommes, comme ils ont dû recevoir, au départ, les vivres pour toute la durée du trajet, il n'y a pas lieu, généralement, de leur faire distribuer de nouvelles rations de vivres dans les places de passage ou de stationnement temporaire.

Nombre de cavaliers par compartiment.

42. Les compartiments du modèle le plus en usage contiennent dix voyageurs civils; mais le soldat, avec son arme et son équipement, est un voyageur exceptionnel. Les compagnies de chemins de fer n'ont fait aucune difficulté de le reconnaître.

En conséquence, la capacité des waggons sera utilisée ainsi qu'il suit :

Huit places, au lieu de dix, par compartiment, pour les carabiniers, cuirassiers, sapeurs et musiciens de tous corps ;

Neuf places, au lieu de dix, par compartiment, pour tous autres corps de cavalerie.

Les places vides sont réservées aux casques, bonnets a poil et instruments qui n'auraient pu être rangés sous les banquettes.

Les soldats de tous corps, non équipés, occuperont le même nombre de places par compartiment qu'occuperaient les voyageurs civils.

Par exception :

1° Les waggons du chemin de fer du Nord, qui n'ont pas de compartiments intérieurs et qui ont une contenance de trente-huit places, recevront seulement trente-deux militaires de la première catégorie (carabiniers, etc.) et trente-six de la seconde.

2° Les waggons de trente places sur le chemin de fer de Paris à Rouen ne recevront que huit militaires de tous corps de cavalerie par compartiment, soit vingt-quatre hommes au lieu de trente.

APPROUVÉ :

Paris, le 6 novembre 1855.

Le Maréchal de France,
Ministre Secrétaire d'État de la guerre.

VAILLANT.

RÈGLEMENT

SUR LE

TRANSPORT DES TROUPES D'ARTILLERIE.

DES ÉQUIPAGES DE PONT

ET DU TRAIN DES ÉQUIPAGES MILITAIRES,

PAR LES CHEMINS DE FER,

EN REMPLACEMENT DU RÈGLEMENT PROVISOIRE DU 16 SEPTEMBRE 1851.

SECTION PREMIÈRE.

PRESCRIPTIONS GÉNÉRALES.

Conditions du mouvement

ART. 1er. Les transports sur les chemins de fer
exigent, en raison de la masse et de la vitesse des
trains, une sécurité complète et une grande célérité
dans les diverses opérations qui précèdent ou suivent
le mouvement. Ces conditions ne peuvent être remplies
que par la régularité et l'exacte observation de toutes
les règles du service d'exploitation.

Le transport des pièces et des voitures d'artillerie
nécessite d'ailleurs, plus particulièrement, de très-
grandes précautions, en raison de la variété et de
l'importance du matériel, ainsi que de la nature ex-
plosible d'une partie du chargement.

En outre, les troupes voyageant par chemins de fer
sont dans une situation analogue à celle des corps
embarqués sur mer, où la direction de la route et une
grande part d'autorité sont concentrées dans les mains
des commandants de navires.

Pendant tout le voyage, le chef de corps ou de détachement est donc tenu de suivre strictement les indications qui lui sont données par l'employé chargé
de diriger le train, auquel demeure la responsabilité
du mouvement. Par le même motif, les officiers, sous-
officiers et soldats doivent se conformer, durant toute
la route, aux recommandations des agents du chemin
de fer.

Ordre du mouvement. — Notification à faire ou à recevoir

2. L'administration du chemin de fer est prévenue
le plus tôt possible, soit directement par le Ministre,
soit par les généraux commandant les divisions, subdivisions et brigades territoriales ou actives, soit par
les soins de l'intendance militaire, de la force et de la
composition, en hommes, chevaux et voitures, des
détachements à faire transporter.

Aussitôt que l'ordre de mouvement est reçu, le
chef de corps ou de détachement se concerte avec le

chef de service du chemin de fer, pour reconnaître le point d'embarquement, la nature du matériel et la composition à donner à chaque convoi : enfin, pour savoir les heures de départ et prendre connaissance de l'itinéraire, dont une copie lui est délivrée.

Le jour du départ du train, le chef du détachement remet à l'agent supérieur de la compagnie la réquisition (modèle n° 1) portant l'état numérique des hommes, des chevaux, des voitures et des bagages à transporter.

Le chef du service met le commandant en rapport avec l'employé chargé de diriger le train.

Division par trains complets.

3. Toutes les fois que la troupe à transporter exige plusieurs trains, on doit proportionner ceux-ci à la force des moteurs et les charger à plein, sans tenir compte des divisions en batterie, demi-batterie, section ou pièce.

Vivres et fourrages.

4. La troupe est pourvue, avant le départ, des vivres nécessaires pendant tout le voyage. Ces vivres se composent comme il suit :

Hommes.

Une ration de pain et une ration de viande cuite ou de charcuterie, s'il est possible de faire la soupe et de recevoir une distribution de pain après l'arrivée;

dans le cas contraire, deux rations de pain et deux rations de viande cuite ou de charcuterie.

Pour la fixation des vivres et fourrages, il est tenu compte des chances possibles de retard, à raison de trois ou quatre heures pour le voyage entier.

Les servants à pied mettent le pain sur le sac, à côté de la petite gamelle qui renferme la viande. Les hommes montés placent leurs vivres dans un des côtés du bissac, détaché du paquetage; la viande est enfermée dans l'intérieur du pain. Les petits bidons sont remplis d'eau que l'on mélange avec de l'eau-de-vie dans la saison des chaleurs.

Chevaux.

Les chevaux mangeant facilement dans les waggons, même pendant la marche, il est distribué 3, 5 ou 10 kilogrammes de foin, selon que le voyage doit durer moins de 12 heures, de 12 à 24 heures, ou plus de 24 heures. Un repas d'avoine (demi-ration de route) est renfermé dans des sacs, qui sont déposés dans les waggons à bagages. Elle ne doit être distribuée aux chevaux qu'à l'arrivée à destination et non pendant le trajet sur la voie ferrée.

Le foin est délivré pressé, s'il est possible; dans le cas contraire, il est réduit au moindre volume par l'un des procédés en usage et placé dans les waggons à chevaux avant l'embarquement.

Le fourrage pour la route est amené à la gare par les soins de l'administration militaire, à défaut de moyens de transport particuliers à la troupe. Il en est de même de la paille destinée aux waggons à chevaux et aux waggons à selles.

Dans le cas où la troupe doit faire arrêt à Paris, Bordeaux ou Lyon, les fourrages, au départ, ne sont pris que pour la première partie du voyage. Ce qui est nécessaire pour le reste du trajet est fourni par les magasins de l'État, dans la localité d'arrêt.

Si la durée de l'arrêt devait dépasser huit heures, le magasin fournirait en outre une demi-ration de foin.

Matériel du chemin de fer

5. Les officiers voyagent dans des waggons de première ou de deuxième classe, complétés, au besoin, par des sous-officiers ou des canonniers.

La troupe est transportée dans des waggons de troisième classe, à l'exception des hommes qui sont placés dans les waggons à selles et à chevaux.

Les chevaux sont transportés dans des voitures couvertes, dites waggons à bœufs, qui doivent être pourvues chacune de deux strapontins, pour asseoir les canonniers, et d'une barre de fermetures, pour empêcher les chevaux de reculer lorsque les portes sont ouvertes[1].

Les selles avec leur paquetage, les porte-manteaux des conducteurs haut-le-pied et les sacs remplis d'a-

---

1. L'expérience a démontré qu'en ayant soin de maintenir les chevaux calmes, l'emploi des barres de fermeture provisoire n'est pas indispensable.

voine sont placés dans des waggons à bagages munis de freins extérieurs.

Le matériel est chargé sur des trucks ou plates-formes de dimensions variables et munies de rebords qui se rabattent, au moyen de charnières, sur les quatre côtés de la plate-forme, ou seulement sur un ou deux de ses côtés. On choisira de préférence les trucks qui se chargent par les petits côtés et ceux dont les rebords ont le moins d'élévation.

Les plates-formes dites à maringottes n'ont point de rebords, mais sont pourvues de traverses saillantes dont les extrèmes, à chaque bout, laissent entre elles une surface vide; elles sont difficiles à charger, mais elles donnent aux voitures d'artillerie montées sur roues une stabilité très-avantageuse. Il faut, pour effectuer l'embarquement sur ces plates-formes, des madriers et des poutrelles destinés à racheter les saillies des traverses, ainsi que deux leviers d'abatage par embarcadère, pour diriger les roues et les flèches.

Objets accessoires pour l'embarquement [1]

6. Les accessoires nécessaires à l'embarquement sont des plateaux, madriers et poutrelles, destinés à joindre les quais aux plates-formes et à former des plans inclinés, s'il n'y a pas de quai. A défaut d'autre moyen, on se servirait de rails pour faire des plans inclinés, avec l'autorisation des agents du chemin de fer, on les emprunterait même à la voie, en cas

1. Voir l'Appendice B.

de force majeure, sauf à les replacer immédiatement
après.

Les cordages et les cales nécessaires pour assurer
la stabilité des voitures sur les plates-formes seront
préparés d'avance par les soins du corps.

Réunion de la troupe à la gare de départ.

7. La troupe arrive au point désigné pour l'embarquement deux heures avant le moment du départ.

Les chevaux doivent avoir terminé leur repas deux
heures avant de se rendre à la gare ; ils sont alors plus
dociles.

Les bagages sont conduits à la gare trente minutes
avant l'arrivée de la troupe et sont chargés sous la
direction des employés du chemin de fer.

Les canonniers d'escorte s'embarquent avec le reste
de la troupe.

Revue numérique des fonctionnaires de l'intendance.

8. La revue numérique de la troupe est toujours
passée avant de commencer l'embarquement et se fait,
autant que possible, avant l'entrée à la gare. Dans
tous les cas, elle doit avoir lieu de manière à ne retarder ni l'embarquement ni le départ. Après cette revue,
le sous-intendant militaire vérifie et vise la réquisition (modèle nº 1) qui constate l'effectif et doit servir
de pièce justificative de la dépense.

Composition et ordre du convoi.

9. La demi-batterie d'artillerie (personnel et maté-

riel) suffit, en général, au chargement d'un convoi. Les waggons sont, autant que possible, rangés dans l'ordre suivant :

Un waggon à bagages ;

Un truck portant les ponts et poutrelles de débarquement ;

Waggons à chevaux ;

Waggons à voyageurs, dont un à freins ;

Trucks chargés de matériel ;

Waggons à bagages à freins, chargés de selles.

Deux waggons à freins extérieurs doivent toujours être placés l'un en tête, l'autre à la queue du convoi.

Les manœuvres nécessaires pour amener les waggons au point d'embarquement, pour mettre le train en état de marcher et pour conduire les waggons au quai de débarquement, sont exécutées par les employés du chemin de fer, assistés, toutes les fois qu'il en est besoin, par les canonniers disponibles.

Poste de police.

10. Il est formé un poste composé :

D'un maréchal des logis,

D'un brigadier,

D'un trompette

et d'un nombre de canonniers proportionné à l'effectif (environ 6 hommes pour 120), pris parmi les servants ou les conducteurs haut-le-pied.

Ce poste occupe une partie du waggon le plus voi-

sin de celui des officiers ; il est préposé au maintien
de l'ordre aux stations et à l'arrivée.

Dispositions préparatoires

11. La demi-batterie ou fraction de batterie à embarquer, étant arrivée dans la gare ou à proximité, est
formée, suivant le terrain, de manière à prendre le
moins de développement possible. Les dispositions
suivantes sont aussitôt exécutées.

Le commandant reconnaît le matériel du chemin de
fer mis à sa disposition et arrête immédiatement la
répartition des hommes, des chevaux et des voitures ;
puis il la notifie aux officiers et aux sous-officiers.

Un officier est désigné pour diriger l'embarquement
des chevaux ; il lui est adjoint un sous-officier chargé
de tracer à la craie, sur les waggons, le numéro de la
pièce à laquelle appartiennent les hommes et les chevaux embarqués sur chacun d'eux.

Cet officier fait garnir chaque waggon à chevaux de
deux bottes de paille en litière et s'assure que les
deux strapontins (*fig.* 1 et 7) sont fixés à la barre de
tête. Il fait disposer le fourrage le long de la grande
paroi du waggon, en face de la porte (*fig.* 5) [1].

Un sous-officier ou brigadier est également désigné
pour diriger le chargement des selles dans chaque
waggon à bagages. Il lui est adjoint deux conducteurs
haut-le-pied, qui se portent avec lui aux waggons qui
leur sont désignés et y disposent les bottillons de paille.

1. Voir l'Appendice C.

Les servants déposent le sac et le mousqueton; ils sont formés, sous la surveillance d'un officier, en détachements proportionnés à l'importance du matériel à embarquer.

Les chevaux de devant et du milieu sont dételés et réunis, sous les ordres d'un sous-officier, avec les chevaux de selle, dans un lieu voisin du quai où ils doivent être embarqués.

Les voitures sont amenées sur le quai d'embarquement ou au pied de la rampe par les chevaux de derrière, qui sont dételés à leur tour et conduits successivement auprès des autres.

Les chevaux sont divisés par fractions correspondantes à la capacité des waggons, de façon que les chevaux d'une voiture se trouvent, autant que possible, placés dans le même groupe.

Les diverses fractions sont rangées devant les waggons qui doivent les recevoir.

SECTION II.

EMBARQUEMENT.

Responsabilité des officiers.

12. Tous les officiers assurent, par leur concours

personnel, l'exécution des mouvements prescrits. Ils sont responsables de la célérité et de l'ordre dans l'embarquement, et montent en voiture cinq minutes avant le départ.

Sous-officier, brigadier ou plus ancien soldat, chef de waggon ou de compartiment.

13. Chaque waggon d'hommes ou de chevaux a pour chef le plus ancien canonnier, si aucun maréchal des logis ou brigadier n'y est embarqué.

Le chef de waggon est chargé de maintenir le bon ordre et de veiller à l'exécution de toutes les mesures indiquées.

Embarquement des voitures[1]

14. Les deux trains de chaque voiture sont séparés et placés tout montés sur les trucks ou plates-formes.

Les conditions essentielles du chargement sont les suivantes :

1° Répartir le poids sur toute la surface du truck, en occupant le moins de place possible ;

2° Faire en sorte que les bouts de timon et les roues de rechange ne dépassent point les tampons du truck qui les porte ;

3° Consolider, caler, brêler et amarrer avec un soin extrême les parties du chargement qui en sont susceptibles, de manière à les rendre toutes parfaitement solidaires entre elles et à en assurer la complète stabilité.

1. Pour les détails, voir l'Appendice A.

Embarquement des chevaux [1].

15. Les chevaux de selle et les porteurs son dessellés, mais non débridés. Si les circonstances atmosphériques l'exigent, les couvertures sont étendues pliées en quatre sur les chevaux et assujetties avec le surfaix.

Les harnais sont laissés aux chevaux d'attelage; on relève sur le collier les traits, fourreaux, plates-longes et avaloires, au moyen des courroies trousse-traits, de manière que le tout soit fixé le plus solidement possible en arrière des mamelles.

La croupière, le poitrail, la sangle et, s'il y a lieu, la couverture sont réunis sur la schabraque et maintenus par le surfaix; les étriers sont relevés ou attachés.

Les selles ainsi disposées sont portées par les canonniers des numéros impairs près du waggon à bagages et déposées à terre sur le point désigné par le chef du waggon. Les canonniers impairs retournent à leurs groupes pour tenir les chevaux; les numéros pairs portent à leur tour leurs selles de la même manière et retournent vivement à leurs chevaux. Les conducteurs haut-le-pied vont aussi porter leurs portemanteaux qu'ils déposent près des selles.

Aussitôt que les sept chevaux du premier waggon sont réunis, l'officier désigné fait commencer l'embarquement. Un conducteur, assisté d'un conducteur

1. Pour les détails, voir l'Appendice A.

haut-le-pied, introduit successivement ses deux chevaux dans le waggon, en leur faisant baisser la tête, et les fait ranger contre la paroi latérale de droite, la tête opposée au côté de la porte. Le second conducteur, aidé du troisième, introduit ses deux chevaux dans le waggon et les fait ranger à gauche. Ces quatre chevaux sont tenus par les deux premiers conducteurs; le troisième et le conducteur haut-le-pied font entrer le dernier attelage et le cheval de selle. Les trois conducteurs restent dans le waggon (*Fig.* 5 *et* 6).

Ces mouvements doivent être exécutés avec ordre et rapidité, afin de ne pas laisser aux premiers chevaux embarqués le temps de se mettre en travers des waggons. Si un cheval résiste, on fait avancer le suivant, et le premier est entraîné vivement à sa suite. Autant que possible, on introduit d'abord les chevaux dociles et on emploie de préférence les moyens de douceur.

Dès que le dernier cheval est entré, les canonniers restés à l'extérieur mettent la barre de fermeture provisoire, relèvent ou retirent le pont et ferment les portes [1]. Enlevant ensuite la barre, ils la passent aux hommes du waggon.

Les chevaux sont attachés à la barre de tête avec la longe du licol, ce qui permet de débrider, si l'ordre en est donné. Dans ce cas, trois ou quatre brides sont réunies, liées ensemble à la têtière par les rênes de

---

1. L'expérience a démontré qu'en maintenant les chevaux calmes l'emploi des barres de fermeture n'est pas indispensable.

l'une d'elles et attachées à la barre du waggon avec les mêmes rênes vers les encoignures.

Les bâches des waggons restent relevées, à moins que l'état de l'atmosphère n'oblige de les baisser de l'un ou de l'autre côté.

Deux des canonniers ramènent les strapontins à l'intérieur et les placent pour s'asseoir, en ayant soin de ne pas toucher aux cordes de suspension (*Fig. 7*).

Les chevaux de l'artillerie à cheval sont embarqués comme les chevaux de trait, et l'on place également trois canonniers par waggon.

Embarquement des selles.

16. Le sous-officier ou brigadier chef de waggon à selles fait opérer le chargement par les deux canonniers sous ses ordres. L'un des canonniers monte dans le waggon, l'autre reste en dehors et apporte successivement à son camarade les selles toutes paquetées.

Le canonnier chargeur range les selles dans le waggon, la première sur la botte de paille, le porte-manteau appuyé contre la paroi longitudinale, les autres selles du même attelage empilées au-dessus de la première; les autres selles sont placées successivement comme les premières, de manière à former un groupe pour chaque voiture. Les paquetages des chevaux d'officiers sont placés au-dessus des autres (*Fig. 2, 3 et 4*).

Les porte-manteaux des conducteurs haut-le-pie sont rangés à la suite des selles.

Le chef du waggon monte dans le waggon avec ses deux aides; il tient note de l'arrangement adopté.

Lorsque la troupe transportée se compose d'artillerie à cheval, le chef de chaque waggon à selles est secondé par quatre hommes.

Embarquement de la troupe.

17. Les servants reprennent le sac et le mousqueton; ils sont réunis aux conducteurs non embarqués dans les waggons à selles ou à chevaux et formés, sous la surveillance d'un officier, en fractions correspondantes à la capacité des waggons.

Chaque fraction est conduite rapidement au waggon qu'elle doit occuper, par son chef, qui la forme de manière à ce qu'elle ne déborde pas la longueur du waggon et la sudivise selon la capacité des divers compartiments.

Les servants détachent leurs sacs et les tiennent à la main; deux d'entre eux montent dans le waggon, rangent leurs sacs sous les banquettes, la pattelette en dessus, à l'extremité opposée à la portière ouverte.

Le second prend le sac du troisième et le range; le troisième prend à son tour le sac du quatrième, et ainsi de suite; chaque homme, les deux premiers exceptés, monte en waggon après que son sac est placé. Les hommes se serrent vers le fond et ont soin de ne pas obstruer l'entrée du waggon.

Les trois derniers sacs sont déposés les uns sur les autres, à la dixième place laissée vacante à cet effet.

Les sacs chargés de marmites et de grandes gamelles, occupant plus de places, sont mis de préférence sous les banquettes [1].

Les canonniers tiennent leurs armes entre leurs jambes, la crosse ou le fourreau sur le plancher. Il est interdit de déposer les mousquetons dans les encoignures ou sur les banquettes, excepté pour descendre aux grandes haltes ou aux stations; dans les waggons-écuries, on doit avoir soin de ne pas laisser les sabres à portée des pieds des chevaux.

Inscription sur les waggons.

18. A mesure que l'embarquement s'effectue, l'officier qui le dirige fait écrire à la craie sur chaque waggon le numéro de la pièce à laquelle appartiennent les hommes et les chevaux qu'il contient. Les sous-officiers et canonniers prennent connaissance du numéro de leur waggon et des inscriptions à la craie, afin de retrouver plus facilement leurs places aux stations.

Surveillance. — Visite simultanée de l'officier commandant et du chef du train.

19. Pendant la formation du convoi, l'officier commandant et le chef du train passent la revue de chacun des waggons pour reconnaitre si tout y est bien placé; ils font rectifier immédiatement les dispositions vicieuses et les arrimages défectueux.

Après la formation du convoi et immédiatement

1. Comme à l'article 13, *Infanterie*.

avant le départ, l'officier commandant et le chef du train passent une dernière revue de tous les waggons pour s'assurer que tout y est en ordre. Pour les waggons à matériel en particulier, ils vérifient si les chaînes d'attelage sont assez serrées pour que les tampons soient en contact.

Les officiers montent alors dans le waggon qui leur est destiné.

SECTION III.

ROUTE.

Mesures de police et de sûreté.

20. La troupe étant embarquée, il est rigoureusement interdit :

1° De sortir la tête ou les bras hors des waggons pendant la marche ;

2° De passer d'une voiture dans une autre ;

3° De pousser des cris ;

4° De descendre de waggon aux stations avant le signal convenu.

Les canonniers ont soin d'empêcher les chevaux d'avancer la tête hors du waggon. Ils leur font manger le foin à la main pendant la marche du convoi.

A tous les coups de sifflet de la locomotive, les

hommes tiennent les chevaux par la bride ou le licol, pour les soutenir dans les chocs et les oscillations et les empêcher de s'effrayer.

En cas d'accident, les canonniers des waggons à chevaux font un signal extérieur, en agitant leur mouchoir.

Haltes et stations.

21. Aux stations où, d'après l'itinéraire du train et le temps indiqué par l'employé qui dirige le mouvement, le commandant juge convenable que la troupe mette pied à terre, il fait connaitre la durée de la halte aux officiers; ceux-ci se portent, pour diriger et surveiller le mouvement, à la hauteur des waggons où sont embarqués les hommes sous leurs ordres. Le poste de police descend immédiatement et fournit des sentinelles partout où il en est besoin, et particulièrement du côté intérieur de la voie, pour empêcher les hommes d'y stationner ou d'ouvrir les portes des waggons.

Au signal donné par un demi-appel, les canonniers des waggons à voyageurs descendent en ordre sans mousqueton et exclusivement par le côté extérieur de la voie. Les hommes embarqués avec les chevaux descendent en passant par-dessus la paroi des waggons. Si l'on juge nécessaire de faire ouvrir les portes, la barre de fermeture est placée préalablement.

Personne ne sort des gares, et, quand on fait exception à cette règle, il est rigoureusement interdit d'escalader les clôtures du chemin.

Vers le milieu du trajet, autant que possible, on re-

lève les factionnaires et les hommes embarqués avec
les chevaux par ceux qui sont montés dans les waggons à voyageurs.

A chaque halte qui dure plus de dix minutes, le
commandant ou un autre officier et le chef du train
passent la revue des waggons, et plus particulièrement de ceux qui portent des voitures à munitions.

Cinq minutes avant le départ, un demi-appel donne
le signal du rembarquement, qui doit se faire avec
ordre et rapidité.

A la station qui precède immédiatement le point
d'arrivée, le chef de la troupe donne l'ordre de brider
les chevaux, de ramasser le fourrage qui ne serait pas
mangé et d'en former une botte par waggon.

Enfin, il est prescrit aux hommes de remettre leur
tenue en ordre pour être prêts à débarquer au premier
signal.

Repas.

22. Le commandant de la troupe règle les heures
des repas.

Si, dans l'itinéraire du train, il se trouve une halte
d'une heure ou environ, le repas est pris de préférence
à cette station.

Pendant le temps du repas, il y a au moins un canonnier pour deux waggons à chevaux.

En principe, l'avoine ne doit être distribuée qu'a-
près le débarquement et non pendant le trajet sur la
voie ferrée. (Voir l'article 4.)

Le foin est donné à la main par les conducteurs pendant la marche du convoi.

En temps ordinaire, les chevaux ne sont abreuvés que si la durée du trajet est de plus de douze heures ; dans ce cas même, ils ont besoin de peu d'eau, et un seau de dimension ordinaire suffit pour deux chevaux.

SECTION IV

DÉBARQUEMENT.

Arrivée.

23. A l'arrivée du train dans la gare de destination ou sur le point désigné pour le débarquement, les officiers mettent pied à terre les premiers.

Le commandant reconnaît le terrain sur lequel la troupe doit se former et l'indique aux officiers.

Un demi-appel donne le signal du débarquement. Les officiers réunissent les servants, font déposer le sac et le mousqueton et forment des détachements, d'après le nombre et la disposition des points de débarquement.

L'officier qui a présidé à l'embarquement des chevaux réunit les conducteurs et, dans l'artillerie à cheval, une partie des servants transportés dans les

waggons à voyageurs et les conduit au point de débarquement des chevaux.

Débarquement.

24. Les sous-officiers ou brigadiers chefs des
waggons à selles font, immédiatement après l'arrivée,
débarquer le harnachement, qui est rangé par fractions
dans l'ordre où il avait été disposé au départ.

Le matériel est mis à terre par des moyens inverses
de ceux qui ont été employés pour le charger sur les
plates-formes.

Dès que les waggons à chevaux sont à quai, les
hommes placés dans les waggons à voyageurs se trans-
portent aux waggons à chevaux, disposent les ponts
volants, ouvrent les portes et aident à faire sortir les
animaux dans l'ordre inverse de l'embarquement.

Tous les artilleurs se rendent ensuite à portée des
waggons à selles. Trois cavaliers sur quatre vont chercher le harnachement; le quatrième tient les chevaux.

Dans le cas où la croupe des chevaux serait tournée
du côté du quai, on ferait sortir les deux premiers de
chaque waggon en reculant et les autres suivraient
après avoir fait un demi-tour.

Aussitôt que deux chevaux de derrière sont disponibles, ils sont conduits au débarcadère du matériel
et attelés à une voiture qu'ils conduisent au parc où
les attelages sont complétés. Chaque voiture se forme
ensuite dans l'ordre prescrit par le commandant.

Les bagages sont déchargés et remis à qui de droit par les employés du chemin de fer.

SECTION V.

DISPOSITIONS EXCEPTIONNELLES.

Chevaux sellés.

25. Lorsque l'ordre est donné, par exception, d'embarquer les chevaux sellés, le paquetage est disposé de la manière suivante :

Déboucler les deux courroies de paquetage de devant; laisser la courroie de manteau bouclée; dégager la schabraque et la rabattre sur le siége de la selle par-dessus le surfaix ;

Réunir en arrière sur le siége les bouts du sac à distribution, les musettes et les bouts du manteau, les serrer avec une des courroies de paquetage ;

Les chevaux sont toujours sanglés; la croupière et le poitrail restent en place.

Après avoir débarqué, les officiers examinent le paquetage avec la plus grande attention et donnent l'ordre de le rectifier, s'il y a lieu, avant de faire atteler et monter à cheval.

26. Lorsqu'une troupe voyageant par les chemins
de fer doit débarquer dans l'une des places de Paris,
Lyon ou Bordeaux, où aboutissent plusieurs lignes
de fer, et se rembarquer sur une autre ligne, il y a
lieu de prendre les dispositions suivantes.

Le chef de corps ou de détachement fait mettre à
terre sa troupe le plus promptement possible dans la
gare d'arrivée. Les bagages et les fourrages qui accompagnent la troupe ne sont pas visités par les employés de l'octroi. Ceux-ci fournissent une escorte
jusqu'à la sortie, conformément à la note ministérielle
publiée au *Journal militaire officiel*, le 5 juillet 1855,
page 17.

Le chef de corps ou de détachement conduit immédiatement sa troupe à l'emplacement désigné par
l'état-major de la place. Là il donne les ordres pour
faire boire les chevaux et leur faire manger le repas
d'avoine apporté en sacs.

Il envoie viser sa feuille de route à l'état-major,
fait prévenir l'intendance militaire et se rend immédiatement à la gare de départ, afin de reconnaître le
matériel, le lieu d'embarquement et vérifier l'heure
du départ. Il prend ses dispositions en conséquence.

Il s'assure que les fourrages pour le reste de la
route (foin et avoine), ainsi que les bottillons de
paille pour litière et pour les selles, ont été fournis ou

seront fournis à temps à la gare de départ, en exécution des ordres donnés par l'intendance locale (art. 11 et 18 du règlement).

A moins d'ordres contraires, il ne doit pas être fait de distribution de ration journalière de fourrage.

Quant aux hommes, comme ils ont dû recevoir, au départ, les vivres pour toute la durée du trajet, il n'y a pas lieu, généralement, de leur faire distribuer de nouvelles rations de vivres dans les places de passage ou de stationnement temporaire.

Nombre de canonniers par compartiment.

27. Les compartiments du modèle le plus en usage contiennent dix voyageurs civils; mais le soldat, avec son arme et son équipement, est un voyageur exceptionnel. Les compagnies de chemins de fer n'ont fait aucune difficulté de le reconnaître.

En conséquence, la capacité des waggons sera utilisée ainsi qu'il suit :

Huit places, au lieu de dix, par compartiment, pour les sapeurs et les musiciens;

Neuf places, au lieu de dix, pour les autres militaires de l'arme et pour ceux du train des équipages militaires.

Les places vides sont réservées aux sacs, bonnets à poil et instruments qui n'auraient pu être rangés sous les banquettes.

Les soldats non équipés occuperont le même nombre

de places par compartiment qu'occuperaient les voyageurs civils.

Par exception :

1° Les waggons du chemin de fer du Nord, qui
n'ont pas de compartiments intérieurs et qui ont une
contenance de trente-huit places, recevront seulement
trente-deux militaires de la première catégorie (sapeurs et musiciens) et trente-six de la seconde;

2° Les waggons de trente places, sur le chemin de
fer de Paris à Rouen, ne recevront que huit militaires
par compartiment, soit vingt-quatre au lieu de trente.

APPENDICE

AU RÈGLEMENT

SUR LE

TRANSPORT DES TROUPES D'ARTILLERIE

PAR LES CHEMINS DE FER.

A.

Notice sur les waggons propres au transport du matériel et des chevaux d'artillerie et sur le mode de chargement.

Waggons.

Les trucks ou waggons plats [1] sont les véhicules qui conviennent le mieux au transport des voitures d'artillerie. On choisira de préférence les waggons plats qui se chargent par les bouts (les petits côtés) et ceux dont les rebords ont le moins d'élévation.

1. Pour la facilité de la rédaction, on a employé dans cette Notice le mot *truck* comme synonyme de waggon plat.

Ce n'est qu'à défaut de ceux-ci qu'on emploiera ceux qui ne peuvent se charger que par les côtés (grands côtés).

Fig. 8 et 9. — Les waggons plats se chargeant par les bouts (petits côtés) peuvent recevoir : ceux de $5^m,30$ de longueur et au-dessus, deux voitures de campagne ; ceux d'une longueur au-dessous de $5^m,30$ et jusqu'à $4^m,35$, une voiture et demie ; et enfin ceux d'une longueur au-dessous de $4^m,35$ une seule voiture.

Les waggons plats ne se chargeant que par les côtés (grands côtés) doivent avoir au moins $5^m,90$ de longueur pour recevoir deux voitures et $4^m,70$ pour recevoir une voiture et demie.

Les dimensions de l'arrière-train des forges et des chariots de batterie ne permettent pas de mettre avec chacun d'eux plus d'un avant-train sur un truck de $4^m,35$, même quand il se charge par les bouts. Aussi ces voitures sont-elles embarquées seules sur un truck de ce genre.

Théorie du chargement des voitures d'artillerie de campagne.

Les conditions de temps et d'espace sont bien simplifiées quand la disposition de la gare et la disposition du matériel du chemin permettent de former le train d'une série de waggons plats, dont les petits côtés, en se rabattant, établissent un plancher sans solution de continuité.

Dans toute autre circonstance, voici comment on procède :

1° SUR LES TRUCKS OU WAGGONS PLATS S'OUVRANT ET SE
CHARGEANT PAR LES BOUTS (PETITS CÔTÉS).

Trucks de 5ᵐ,30 (un truck pour deux voitures).

Fig. 8 et 9. — Engager un arrière-train, la flèche
en arrière, jusqu'au bout du waggon; poser la flèche
sur le plancher; engager l'avant-train, le timon en arrière et abaissé, jusqu'à ce que les roues touchent celles
de l'arrière-train, et, s'il est possible, une roue en dedans et une en dehors des premières; engager l'avant-
train de la seconde voiture, le timon en avant et élevé
sur le premier avant-train; faire entrer le second arrière-train, la flèche en avant et posée sur le plancher.

Trucks de 4ᵐ,35 (deux trucks pour trois voitures).

Fig. 10 et 11. — *Premier truck.* — Engager un
arrière-train, la flèche en arrière, jusqu'à ce que ses
roues touchent l'autre bout (petit côté) du truck; poser
la flèche sur le plancher. Engager un avant-train, le
timon en avant et élevé jusqu'à ce que les roues touchent celles du train déjà placé; engager un second
arrière-train la flèche en avant et posée sur le plancher,
en évitant que le coffre de devant touche celui de l'a-
vant-train.

Deuxième truck. — Engager un arrière-train, la
flèche en arrière et posée sur le plancher, ensuite un
avant-train le timon en avant et élevé, comme sur le

premier truck ; placer le dernier avant-train, le timon
en avant et posé sur le plancher sous les trains déjà
placés.

Lorsque la disposition de la gare oblige à embarquer les voitures par le côté (grand côté) sur des trucks
qui peuvent s'ouvrir et se charger par les bouts (petits
côtés), les trucks étant rangés sur la voie, les trains de
voitures sont d'abord introduits sur le second truck,
d'où ils sont dirigés et conduits, au moyen d'un pont
de communication, sur le premier, pour les placer
comme il est dit ci-dessus.

Le second truck est ensuite chargé comme le premier en se servant du troisième, et ainsi de suite. Le
dernier truck est chargé comme il est dit ci-après pour
les trucks qui ne peuvent s'ouvrir et se charger par les
côtés (grands côtés).

2° SUR LES TRUCKS OU WAGGONS PLATS NE S'OUVRANT ET NE
POUVANT SE CHARGER QUE PAR LES CÔTÉS (GRANDS CÔTÉS).

Trucks ou waggons plats de 5ᵐ,90 (un truck pour deux voitures).

Fig. 8 et 9. — Placer l'arrière-train, puis l'avant-
train, le timon élevé, de la première voiture à l'un des
bouts du truck. Placer ensuite l'arrière-train de la seconde voiture à l'autre bout du truck, et, enfin, introduire le second avant-train en le portant à bras, le
timon élevé, pour l'établir à la place qu'il doit occuper,
en faisant passer l'une de ses roues par dessus les flèches des deux autres trains.

Trucks de 4m,70 (deux trucks pour trois voitures).

Fig. 10 et 11. — Engager successivement deux arrière-trains ou un avant-train et un arrière-train, la flèche ou le timon en arrière, et les disposer aux deux bouts du truck comme il est dit plus haut, le timon et la flèche sur le plancher.

Introduire ensuite entre les deux trains déjà placés l'avant-train à charger en dernier lieu, en le portant à bras, le timon élevé, pour l'établir à la place qu'il doit occuper, en faisant passer l'une de ses roues par dessus les flèches et timons des deux premiers trains.

Trucks ou waggons plats ayant moins de 4m,70 de longueur et ne **devant** recevoir qu'une seule voiture.

Engager successivement les deux trains de la voiture chacun vers l'un des bouts du truck, la flèche et le timon en arrière; les faire pivoter sur la roue extérieure, de manière à ramener la flèche et le timon l'un vers l'autre, la flèche sur le plancher, le timon élevé.

Dans certains cas, la roue de rechange est enlevée et placée soit à plat sur le plancher, soit contre un des trains chargés sur le truck.

Dans les opérations d'embarquement, les timons doivent être maintenus au moyen d'une jarretière fixée à leur extrémité. Ils sont ensuite fortement brêlés à l'une des parties de l'arrière-train déjà chargé.

La lunette de flèche des caissons qui sont pourvus d'un timon de rechange est posée sur une cale assez

élevée pour que le poids du devant du train ne porte
pas sur le bout du timon et, par suite, sur la chevillette
qui le fixe dans son étrier.

Dès qu'un waggon a reçu son chargement, on fixe
entre elles les roues des divers trains, au moyen de
jarretières ou autres cordages de douze à quinze milli-
mètres de diamètre. On place sous les roues des cales
qui sont clouées sur le plancher et l'on complète la
stabilité des voitures en les amarrant aux anneaux du
truck. On prévient les frottements des diverses parties
des voitures les unes contre les autres, en faisant usage
de torons de paille ou de tout autre moyen; enfin, l'on
couvre, s'il y a lieu, les voitures embarquées sur les
trucks avec des bâches à marchandises. Sur les waggons à maringottes, il suffit d'amarrer le timon du
deuxième avant-train pour que le changement ait une
stabilité absolue.

Chevaux.

Les waggons à chevaux ont des dimensions qui varient dans les limites suivantes :

Longueur, de . . . . $4^m,12$ à $6^m,00$
Largeur, de. . . . . $2^m,32$ à $2^m,48$
Hauteur sous la porte, de. $1^m,70$ à $1^m,92$

Les waggons dont la hauteur sous le linteau de la
porte est au-dessous de $1^m,90$ ne peuvent pas recevoir
les chevaux sellés.

Fig. 5, 6, 7. — Les waggons de $4^m,35$ de longueur
peuvent recevoir six chevaux avec harnais et selle, ou

sept chevaux sans selle, les chevaux d'attelage conservant leurs colliers disposés comme il est dit à l'article 11.

Le tableau suivant donne les dimensions moyennes des chevaux de l'artillerie, ainsi que la hauteur maximum du paquetage; il peut servir à déterminer le nombre de chevaux chargeant à plein chaque waggon.

CHEVAUX.	LARGEUR moyenne.	HAUTEUR maximum.	POIDS moyen.	OBSERVAT.
	mètres.	mètres.	kilog.	
De selle.. { harnachés...	84	1 85	548	Moyennes de
{ desselles....	60 à 66	»	520	10 chevaux de
Porteurs. { harnachés...	84	1 85	551	chaque es-
{ nus......	60 à 66	»	505	pèce.
Sous- { harnachés...	70	»	526	
Verges. { nus.......	60 à 66	»	505	

Lorsque le dernier waggon n'est pas complétement rempli de chevaux, il faut les y maintenir serrés en un ou deux groupes, au moyen de barres semblables à la barre de fermeture. La porte du waggon doit être toujours libre.

B.

Notice sur les ponts qui peuvent être nécessaires pour l'embarquement et le débarquement du matériel et des chevaux.

Dans la prévision d'un accident en route, il faut être toujours en mesure de faire débarquer les chevaux à l'aide d'un ou plusieurs ponts, qui seront transportés avec le train et auxquels on pourra donner les dimensions suivantes :

Longueur, cinq mètres environ ; largeur, vingt centimètres de plus que celles des portes des waggons.

Le pont est garni de garde-corps qui s'adaptent et s'enlèvent à volonté. Il est supporté à son extrémité supérieure par un chevalet mobile, dont la hauteur correspond à celle de la porte du waggon, ou par une paire de roues dont l'essieu soutient le pont au tiers de sa longueur environ.

Le débarquement des chevaux s'opère alors en faisant passer successivement les waggons devant ce pont convenablement placé.

Dans certains cas, il sera plus simple de supprimer le chevalet et de fixer à la partie antérieure du pont deux fortes brides en fer, reposant sur le plancher du waggon. Ce pont est alors adapté successivement à chacun des waggons que l'on doit décharger.

C.

Notice sur les strapontins et les barres de fermeture.

Strapontins.

Fig. 1 et 7. — Le strapontin se compose d'une planchette de deux centimètres et demi d'épaisseur, sur quarante-cinq centimètres de longueur et trente-cinq de largeur, arrondie aux angles et percée d'un trou à chacun de ses coins, pour laisser passer quatre bouts de corde de grosseur moyenne et de 1^m,30 environ de

longueur, arrêtés par des nœuds simples au-dessous de
la planchette.

Les deux cordes sortant de chaque petit côté sont
réunies par deux nœuds simples et disposés de manière
qu'en mettant la planche à plat, et tirant les cordes par
ces derniers nœuds, on forme un triangle dans lequel
la perpendiculaire abaissée du sommet sur la planche
tombe aux deux tiers du petit côté.

La distance du sommet à la planchette est réglée
pour que le siége soit élevé de soixante centimètres au-
dessus du plancher du waggon.

Le strapontin est attaché à la barre longitudinale du
waggon du côté de la tête des chevaux, le siége un peu
incliné en arrière, son milieu à soixante-quinze centimètres environ de la porte latérale.

Barres de fermeture [1].

La barre de fermeture a deux mètres de longueur
sur dix centimètres d'équarrissage ; les arêtes sont arrondies ; elle est garnie à chaque extrémité d'une corde
de 1^m,20 environ de longueur, qui est attachée aux anneaux extérieurs des waggons.

1. L'emploi des barres de fermeture provisoire n'est pas indispensable. (Voir le Règlement, art. 15.)

D.

TABLEAU présentant les dimensions

DÉSIGNATION DES OBJETS DU MATÉRIEL.		DIM[ENSIONS] PRISES AUX POI[NTS] — LONGUEUR.	
		timon compris.	sans le timo[n]
ARTILLERIE DE CAMPAGNE.		mètres.	mètres
Avant-train de campagne (commun aux affûts, caissons, chariots et forges)		4,505	1,685
Affûts légers de 12. — pour canon obusier de 12	Arrière-train	»	3,554
	Complet	7,594	4,701
de 12. — pour canon obusier de 12 léger	Arrière-train	»	3,525
	Complet	7,505	4.675
Affûts. — de 12 et d'obusier de 16	Arrière-train	»	3,725
	Complet	7,580	4,890
— de 8 et d'obusier de 15	Arrière-train	»	3,525
	Complet	7,565	4,675
Caisson à munitions	Arrière-train	»	3,490
	Complet	7,110	4,420
Chariot de batterie	Arrière-train	»	5,645
	Complet	7,595	4,905
Forge de campagne	Arrière-train	»	3,270
	Complète	7,220	4,535
ÉQUIPAGE DE PONT.			
Haquet à bateau. — Avant-train		4,950	2,130
Arrière-train (non chargé)		»	5,310
Complet et chargé — du bateau		11,622	9,822
— de la nacelle		10,880	8,907
— de la sonnette		9,846	8,000
ARTILLERIE DE SIÈGE.			
Avant-train de siège (commun aux deux affûts et au chariot porte-corps)		4,687	1,750
Affûts. de 24. — Arrière-train non chargé		»	4,085
Complet et chargé — d'un canon de 24		7,597	4,660
— d'un obusier de 22		7,597	4,360
de 16 — Arrière-train		»	3,920
Complet		7,437	4,500
Chariot porte corps. — Arrière-train		»	3,600
Complet		7,312	4,375
Trique-bale. — Avant-train		4,240	1,470
Arrière-train		»	4,230
Complet		7,810	5,040
Chariot de parc. — Avant-train		4,187	1,417
Arrière-train		»	3,510
Complet		7,020	4,250
Charrette		•	3,735

... le poids du matériel roulant de l'artillerie.

SIONS		POIDS		OBSERVATIONS.
LES PLUS SAILLANTS.				
Largeur.	Hauteur.	non chargé.	chargé.	
mètres.	mètres.	kilog.	kilog.	
1,900	1,615	474	626	Le poids total des 30 voitures d'une batterie montée est de 35,208 kil.
1,900	1,490	551	1,225	Les 25 voitures d'une batterie à cheval pèsent 13,874 kil.
1,900	1,615	9?5	1,841	
1,900	1,490	551	1,173	
1,900	1,615	985	1,591	
1,900	1,2?0	551	1,170	
1,900	1,615	1,050	2,150	
1,900	1,490	551	1,188	
1,900	1,615	985	1,806	
1,900	1,846	551	1,155	
1,900	1,762	1,068	1,851	1. Varie entre 1,670 kilogr., poids du caisson de 8 sans roue de rechange, et 2,040 kilogr., poids du caisson d'infanterie avec roue de rechange.
1,900	2,510	555	1,346	
1,900	2,0?3	1,069	2,068	
1,900	1,885	624	1,013	
1,900	1,837	1,078	1,810	
1,900	1,230	345	»	
1,900	1,395	551	»	
1,900	2,080	»	2,170	
1,900	2,040	»	1,975	
1,900	1,614	»	1,319	
2,016	1,550	536	»	
2,016	1,550	970	»	
2,016	1,550	1,506	4,246	
2,016	1,550	1,506	2,706	
2,016	1,550	878	2,878	
2,016	1,550	1,111	3,111	2. Varie selon que le chariot est chargé
2,016	1,550	732		de 1 canon de 24 . . . . 2,740 kilog.
2,016	1,550	1,288		1 caisson de 16 . . . . 2,000 —
1,900	1,230	345	»	1 obusier de 22 . . . . 1,200 —
2,016	2,050	845	»	2 obusiers de 22 . . . . 2,400 —
2,016	2,030	1,190	»	1 mortier de 27 sur son affût . . . 2,402 —
1,900	1,230	350	»	3 mortiers de 22 sur leurs affûts . . 2,320 —
1,900	1,567	582	»	et des projectiles, selon le besoin.
1,900	1,190	882	1,800	3. Environ.
1,900	1,780	457	900	

E.

TABLEAU présentant les dimensions et

DÉSIGNATION DES OBJETS DU MATÉRIEL.	DIMENSIONS ET POIDS SANS		
	LONGUEUR		
	de l'avant-train.	du corps de la voiture.	de la voiture réunie à son avant-train.
	mètres.	mètres.	mètres.
Prolonge portant les outils de parc.........................			
— portant les outils de mineurs........................			
— portant les outils d'art.........................			
— portant les instruments de sape.....................			
— chargée des agrès de la nacelle...................	4,60	3,98	7,90
— portant les cordages, les clameaux, broches, etc., pour les ponts...................			
— portant les objets de rechange pour les réparations des voitures.................			
— pour le service particulier du train..................			
— portant la sonnette et les objets nécessaires à la sonnette..................			
Forge de campagne pour le service particulier du train..........	4,60	3,65	7,50
Caisson à poudre, bombes et pétards.....................	4,60	3,15	7,40
Haquet avec sa nacelle.................	4,85	5,50	9,30

le poids du matériel roulant du génie.

LE CHARGEMENT.			DIMENSIONS ET POIDS AVEC LE CHARGEMENT				OBSERVATIONS.
Largeur.	Hauteur.	Poids.	Longueur avec l'avant-train.	Largeur.	Hauteur.	Poids.	
mètres.	mètres.	kilog.	mètres.	mètres.	mètres.	kilog.	
		811				1,880	
		811				1,920	
		841				1.803	
		811				1,954	
		841				1,701	On suppose que le châssis de chargement, l'échelle, les deux jumelles et les deux montants de la sonnette ont été enlevés du chargement et placés à part, car, avec 6 pièces, la prolonge chargée présenterait une longueur de 8m,45 et une hauteur de 3m.
1,96	1,38	811	7,90	1,96	1,75	1,962	
		811				1.823	
		811				1,849	
		811				1,769	
1,96	1,71	834	7,50	1,96	1,71	1,812	
1,96	1,76	802	7,40	1,96	1,76	1,495	La nacelle seule a 9m,30 de longueur. Il ne faudrait donc que 9m,30 au lieu de 11m,45 si on venait à l'enlever de dessus le haquet.
1,96	1,60	836	11.15	1,96	1,92	1.907	

F. *TABLEAU présentant les dimensions et le poids du matériel roulant des équipages militaires.*

DÉSIGNATION DES OBJETS.	DIMENSIONS (prises aux points les plus saillants.)				POIDS.	OBSERVAT.
	Longueur		Largeur.	Hauteur.		
	timon compris	sans le timon				
	mètres.	mètres.	mètres.	mètres.	kilog.	
Caissons. de 1,600 rations, modèle de 1842.	6,700	4,270	1,920	2,300	857	Le poids variant selon la nature du chargement, on n'a pas cru devoir indiquer le poids des voitures chargées.
Caissons. suspendus de 1,200 rations, modèle 1848.	6,250	3,900	1,820	2,300	1,146	
Caissons. d'ambulance. . .	6,340	3,800	1,920	2,130	765	
Chariots. fourragères, prolonges, modèle 1842.	6,940	1,130	1,920	2,600	930	
Chariots. de parc, modèle de 1848.	6,175	1,270	1,820	1,450	819	
Forges d'équipages militaires. Modèle dit de cavalerie. . .	5,080	3,400	1,772	1,660	650	Y compris l'outillage, pesant 122 kilogr.
Forges d'équipages militaires. Modèle dit d'équipage, 1842.	6,645	3,850	1,550	2,000	805	Y compris l'outillage, pesant 113 kilogr.
Forges d'équipages militaires. Modèle dit de campagne, 1848	6,200	3,995	1,820	1,800	950	Y compris l'approvisionnement, rechange et outillage, pesant 512 kilogrammes.

RÈGLEMENT

COMPLÉMENTAIRE ET SPÉCIAL

SUR LE

TRANSPORT DU

MATÉRIEL D'UN ÉQUIPAGE DE PONT

PAR LES CHEMINS DE FER.

Pour les hommes et les chevaux, voir l'instruction applicable aux troupes d'artillerie.

Art. 1er. Les dispositions de l'instruction relative à l'artillerie sont applicables à la troupe qui accompagne un équipage de pont, en ce qui concerne les hommes et les chevaux; mais la nature et les dimensions du matériel exigent un mode de chargement particulier qui est expliqué ci-après.

Assistance commune des employés du chemin de fer et des pontonniers.

2. Pour mettre le train en état de marcher et pour conduire les waggons au lieu de déchargement, les manœuvres sont exécutées par les employés du chemin de fer, assistés, toutes les fois qu'il en est besoin, par les pontonniers disponibles.

Place des waggons à troupe.

3. Les waggons à troupe sont placés vers le centre du train, mais toujours après un truck chargé d'un chariot de parc; ils doivent être suivis d'un truck vide ou dont le chargement présente, au-dessus du plancher, une élévation de moins de 1^m30, sur une longueur de 1^m50, à partir de l'arrière.

Chaque waggon est numéroté à la craie des deux côtés.

Arrivée à la gare de départ. (Art. 7. Artillerie.)

4. Dans le cas où le corps est suivi de ses gros bagages, les colis sont rendus au chemin de fer trente minutes avant le départ.

La troupe et le matériel doivent arriver au point désigné pour l'embarquement assez à temps pour que le chargement puisse être terminé trente minutes avant l'heure fixée pour le départ (environ trois heures).

Dispositions préliminaires.

5. Le matériel est parqué dans la gare ou à proxi-

mité, suivant le terrain, de manière à prendre le moins
de développement possible et dans l'ordre indiqué ci-
après pour le chargement (art. 7).

Les pontonniers déposent leurs sacs et placent dessus leurs shakos et leurs armes. Ils sont ensuite partagés en détachements, suivant l'importance du matériel à charger, la disposition des lieux et la manière
d'opérer le chargement, quelques hommes devant toujours rester disponibles pour le cas prévu ci-après
(art. 8).

Composition et ordre du convoi. (Art. 9. Artillerie.)

6. Chaque voiture nécessite un truck. Il faut choi-
sir de préférence les trucks dont les rebords ont le
moins d'élévation[1].

Dans la supposition d'une division d'équipage de
pont de dix-huit voitures, le chargement serait réparti
ainsi qu'il suit :

Trucks N° 1, 3, 5, 7, 9 et 11, chacun 1 chariot avec madriers.
   —   2, 4, 6, 8, 10 et 12...... 1 haquet avec bateau.
   —   13.................... 1 chariot avec caisse.
   —   14.................... 1 haquet avec bateau.
   —   15.................... 1 forge.
   —   16.................... 1 haquet avec chevalets.
   —   17.................... 1 haquet avec nacelle.
   —   18.................... 1 haquet avec bateau.

1. Les trucks de 5^m,50 de longueur sont préférables à ceux
de 4,35; ils permettent de transporter les haquets tout chargés
(celui à nacelle toujours excepté), tandis que ceux de 4^{m}35 néces-
sitent l'enlèvement préalable, de dessus les haquets, de toutes les
poutrelles, qu'il faut placer ailleurs, parce que le chargement
aurait trop de longueur.

On voit qu'il faut toujours placer alternativement un chariot ou la forge et un haquet avec bateau; le haquet avec nacelle, devant toujours être complétement déchargé, est considéré comme chariot.

Toutes les voitures, la première exceptée, sont placées l'avant-train en avant, le timon engagé sous l'arrière-train de celle qui la précède; la première est placée en sens inverse.

Tous les chariots et la forge ont les roues de devant et de derrière à égale distance des extrémités des trucks.

Tous les haquets, le dernier excepté, ont les roues de devant appuyées contre le rebord du truck; pour le dernier, ce sont les roues de derrière.

Mode spécial de chargement.

7. Le chargement peut s'opérer par le petit côté ou par le grand côté.

Chargement par le petit côté.

S'il y a un quai et des volets pour le relier aux trucks, ce mode ne demande aucun détail; il suffit de mettre les voitures sur les trucks et les trucks entre eux, en suivant les prescriptions de l'article précédent et en plaçant ainsi qu'il suit le haquet à nacelle et son chargement : 1° la nacelle renversée, ses anneaux de brêlage à égale distance des extrémités du truck; 2° les poutrelles, de chaque côté de la nacelle, et sur deux de hauteur, contre ses bordages; 3° le haquet, ses

roues sur les poutrelles; 4° les corps morts et les agrés
sur les brancards et amarrés. Tous ces objets ont besoin d'être bien maintenus; à cet effet, on clamaude
les poutrelles entre elles et on les amarre aux anneaux
des trucks, ainsi que la nacelle et les roues du haquet;
de plus, pour empêcher le frottement des plats-bords
et des poutrelles sur les rebords du truck et sur ceux
des trucks voisins, on place sur les premiers des torons de paille de grosseur suffisante.

A défaut de volets servant de jonction entre le quai
et les trucks, on emploie des madriers.

S'il n'y a pas de quai, on y supplée par une rampe
formée de 5 poutrelles, 24 madriers et 2 guindages[1],
dont la voie soit un peu moindre que la largeur du
truck; cette rampe, qui sert pour tous les trucks, repose, par sa partie supérieure, sur un chevalet de
1 mètre à 1^{m}10 de hauteur, construit à l'avance[2].

Chargement par le grand côté.

Ce mode exige le déchargement préalable et complet de toutes les voitures; mais ce déchargement n'est
opéré que successivement et le plus près possible de
l'endroit où doit s'effectuer le chargement sur les trucks.

---

1. Ces poutrelles sont prises au dernier haquet, et les madriers
à l'un des chariots; ils sont replacés sur leur voitures lorsque le
chargement de l'équipage est terminé.

2. A défaut de chevalet, on peut, avec l'autorisation des agents
du chemin de fer, utiliser les rails non employés et, au besoin,
ceux même de la voie, ou mieux des traverses. Ces objets doivent
être immédiatement remis en place sous la direction des mêmes
agents.

Il faut établir quatre rangées de deux madriers chacune, allant du quai sur le rebord du truck et formant deux couples dont les jointures ont entre elles un intervalle égal à la distance entre les deux trains de la voiture à charger (2^m70 environ pour les chariots et la forge, et 4 mètres pour les haquets).

Chariot avec madriers. — On amène le chariot perpendiculairement et contre les madriers, on le porte sur ces madriers; on l'y fait glisser jusque sur le truck, à l'emplacement qu'il doit occuper (art. 6), et on le charge de ses madriers et autres.

Haquet avec bateau. — On doit mettre le haquet sur le truck, comme on vient de l'indiquer pour le chariot et le charger de ses 7 poutrelles: fixer 2 fausses poutrelles superposées contre les ranchets de devant, et 2 autres contre les ranchets de derrière; placer 2 poutrelles formant rampe du sol au brancard, les extrèmes près des ranchets; apporter le bateau sur cette rampe et le faire glisser jusque contre les fausses poutrelles. 5 hommes se portent alors aux extrémités des poutrelles, les mettent à bras, puis à l'épaule; les autres soulèvent alternativement l'avant et l'arrière du bateau et les portent sur les fausses poutrelles, à la place qu'ils doivent occuper. On débrêle les fausses poutrelles et on les dégage, puis on brêle le bateau.

Haquet avec nacelle. — On place chaque objet comme il a été indiqué dans le chargement par le petit côté.

Il est plus commode, pour placer ce haquet, d'ôter

l'avant-train et les roues de derrière et de les remettre ensuite.

Dès qu'un truck a reçu son chargement, on cale les roues de la voiture et on les amarre aux anneaux du truck, puis on met des torons de paille aux endroits où il pourrait y avoir du frottement.

Revue simultanée de l'officier commandant et du chef du train.

8. Pendant la formation du convoi, l'officier commandant et le chef du train passent la revue de chacun des waggons, pour reconnaître si tout y est bien placé; ils font rectifier immédiatement les dispositions vicieuses et les arrimages défectueux.

Mesures de sûreté.

9. Les pontonniers embarqués par exception sur les trucks, resserrent les guindages qui en auraient besoin. S'il survient quelque dérangement important auquel ils ne puissent remédier, ils élèvent leur shako à l'extrémité du mousqueton. Ce signal est répété par tous les pontonniers des trucks, jusqu'à ce que les gardes-freins l'aperçoivent et que le signal d'arrêt soit donné. Dans les cas ordinaires où il n'y a pas d'hommes sur les waggons plats, il est passé une revue du matériel à toutes les stations de 10 minutes.

Arrivée du train à la gare de destination.

10. À l'arrivée du train dans la gare de destination, les officiers descendent les premiers. Ils réunissent les

hommes, leur font déposer les sacs, les armes et les shakos, et forment des détachements d'après le nombre et la disposition des points de déchargement.

Déchargement.

11. Le matériel est remis à quai par des moyens inverses de ceux qui ont été employés pour le chargement.

Les bagages de la troupe sont déchargés et remis à qui de droit par les employés du chemin de fer.

Nota. Pour tout ce qui concerne les chevaux, voir les articles 4, 5, 6, 11, 13, 16, 22 et 24 du règlement sur le transport des troupes d'artillerie par les chemins de fer, ainsi que l'Appendice A (Chevaux) et les Appendices B et C.

APPROUVÉ :

Paris, le 6 novembre 1855.

Le Maréchal de France,
Ministre Secrétaire d'Etat de la guerre.

Signé : VAILLANT.

RÈGLEMENT

COMPLÉMENTAIRE ET SPÉCIAL

SUR LE

TRANSPORT DES VOITURES

DU TRAIN DES ÉQUIPAGES MILITAIRES

PAR LES CHEMINS DE FER.

En général, les dispositions du règlement relatif a l'artillerie sont applicables au train des équipages en ce qui concerne les hommes et les chevaux.

ART. 1ᵉʳ. Les dispositions de l'instruction relative à l'artillerie sont applicables aux troupes du train des équipages militaires, en ce qui concerne les hommes et les chevaux.

La construction et la nature du matériel affecté a ces troupes différant d'une manière notable des voitures d'artillerie, le chargement sur les waggons s'exécute suivant un mode particulier.

2. L'autorité militaire, l'intendance ou l'officier commandant font connaître au chef de service du chemin de fer, outre l'effectif en hommes, chevaux et voitures, le poids total des objets renfermés dans les caissons ou chargés sur les chariots et prolonges.

Le chef du détachement s'informe de la possibilité d'effectuer le chargement des voitures au moyen de grues, comme dans le trafic commercial.

3. Les waggons plats de toute espèce et de toute dimension, dont les rebords se rabattent ou n'excèdent pas 15 à 20 centimètres, peuvent servir au transport des caissons, chariots, prolonges et forges du train des équipages militaires, pourvu que leur longueur ne soit pas au-dessous de $3^m,80$, s'ils sont accessibles par le bout, et de $4^m,35$, si on ne peut les charger que par le côté.

Tout waggon dont la longueur n'atteint pas $5^m,30$ porte une seule voiture.

Les waggons de $5^m,30$ à $7^m,20$ ayant $2^m,83$ de largeur peuvent recevoir deux voitures.

4. Les voitures sont amenées à la gare trois ou

quatre heures avant le départ, selon qu'elles doivent être chargées montées ou démontées. Elles sont rangées le plus près possible du point d'embarquement ; puis, aussitôt qu'elles sont dételées, les chevaux sont conduits au quai, pour être dessellés et embarqués, sous la direction d'un officier ou sous-officier, ainsi qu'il est prescrit, pour les chevaux d'artillerie, à l'art. 11.

Composition et ordre des convois. — Art. 9 et 11. Artillerie.

5. Les convois chargés du train des équipages doivent toujours porter des hommes, des chevaux et des voitures. Le nombre de waggons, pour chaque voyage, est subordonné à la force des moteurs ; mais la composition des convois doit être telle que les voitures puissent être attelées de deux chevaux au moins et conduites par un nombre suffisant de sous-officiers, brigadiers et cavaliers.

Une compagnie du train des équipages, avec son matériel normal de 66 voitures, nécessite ordinairement trois convois de 30 à 33 waggons ; le nombre des chevaux peut varier de 269 à 349, celui des hommes de 218 à 368. Toutefois, la composition de chaque train doit être fixée de concert avec le chef de service du chemin de fer.

Les trains sont formés dans l'ordre suivant :

1° Un waggon à bagages portant les effets de la troupe et l'avoine en sacs ;

2° Les waggons à selles et à chevaux ;

3° Les waggons à voyageurs ;

4° Les waggons chargés de voitures ;

5° Un waggon à frein (à voyageurs ou à selles).

Chargement des voitures. (V. pl. 11. Artillerie.)

6. Le chargement des voitures peut se faire à bras ou au moyen de grues, comme dans le service commercial.

Pour qu'il puisse se faire à bras, il faut qu'il n'y ait pas nécessité de démonter les caissons.

Le chargement à la grue peut se faire pour les caissons montés ou démontés.

Il y a nécessité de démonter les caissons et, par suite, d'opérer à la grue, toutes les fois que, vérification faite au gabarit, le chargement ne pourrait passer sous les voûtes des ponts et travaux d'art, si l'on conservait les caissons sur leurs roues.

A. CHARGEMENT A BRAS.

1. *Petits waggons accessibles par le bout.* — Les caissons, chariots et prolonges sont chargés sur les petits waggons aux embarcadères à voitures, ou avec l'aide d'un plan incliné en terre ou en bois qui arrive à la hauteur du plancher des waggons.

Chaque voiture est dirigée à bras sur la plate-forme, l'avant-train en avant ou en arrière ; le timon est enlevé aussitôt et déposé sur le waggon ou attaché à la voiture. Celle-ci est immédiatement assujettie et garrottée par des cordes aux anneaux du waggon.

Si les timons ne s'enlèvent pas facilement, on doit les ôter d'avance ; mais les voitures sont alors moins faciles à diriger ; cependant, deux hommes aux armons suffisent pour maintenir l'avant-train.

2. *Waggons accessibles par le côté.* — On doit engager la voiture vers les deux tiers du waggon, l'avant-train en arrière, le tourner et diriger le corps de la voiture dans le sens de la longueur de la plate-forme, y engager l'avant-train et le redresser aussitôt ; achever de mettre la voiture en place par un ou deux mouvements alternatifs en avant et en arrière, ou par un mouvement latéral à bras de l'avant-train.

Ces waggons ne doivent être employés que quand les autres manquent absolument.

Les forges sont embarquées par trains séparés sur des waggons de l'une ou de l'autre espèce. L'arrière-train est conduit le premier, la flèche en arrière et abaissée, à l'extrémité du waggon, plus près d'un bord latéral que de l'autre. L'avant-train est engagé ensuite, le timon élevé vers l'arrière-train, une roue près du bord opposé à celui que touche la roue de l'arrière-train, de manière que le timon puisse être posé et amarré sur l'essieu.

On peut embarquer la voiture entière sans séparer les trains, par le bout du waggon ; mais quand le timon est enlevé, l'avant-train bascule et le chargement n'a pas toute la stabilité désirable.

3. *Waggons de 5^m30 à 7^m.* — Le chargement de

ces waggons s'exécute de la manière suivante. (*Fig.* 14, 15 et 16.)

1° Engager la première voiture, l'avant-train en arrière, et la diriger de façon à ce que le bout des fusées ne dépasse pas le plan vertical du bord extérieur du waggon, à droite; la pousser jusqu'au bout de la plate-forme, tourner l'avant-train sur place et en diriger l'essieu suivant l'axe de la voiture.

2° Engager le second caisson, l'avant-train en avant, les roues près du bord de gauche, jusqu'à ce que la roue de droite touche celle de la première voiture qui se trouve en avant et en travers du waggon; faire pivoter l'avant-train, la roue gauche en avant, de manière à ce qu'elle se trouve entre la roue et le coffre de la première voiture, l'essieu dirigé suivant l'axe de la caisse.

Si le deuxième caisson n'est pas assez avancé, soulever les roues de l'avant-train, au moyen de leviers, et les porter en avant jusqu'à ce que les roues de derrière soient sur le waggon.

Amarrer les deux avant-trains l'un à l'autre et les deux arrière-trains aux anneaux de la plate-forme.

B. CHARGEMENT A LA GRUE.

Il est indispensable de faire opérer le chargement à la grue, lorsque le matériel du train des équipages doit être embarqué sur des waggons à maringottes et à ranchets ou poutrelles saillantes. Les voitures sont enlevées de terre et placées sur les waggons, en les laissant descendre dans la position qui vient d'être indiquée.

Cette opération exige plus spécialement le concours d'employés du chemin de fer, en nombre suffisant pour toutes les manœuvres spéciales.

Le chargement à la grue n'est pas moins nécessaire dans le cas où, par suite du contact au gabarit, l'on reconnaîtrait l'impossibilité de passer sous les voûtes des travaux d'art sans démonter les caissons. Le chargement aurait lieu en séparant les avant-trains et ôtant les roues de derrière; il se fait alors exclusivement avec le secours de la grue et de la manière suivante :

Les deux caisses sont disposées à une extrémité du waggon, sans intervalle, les fusées d'essieux engagées réciproquement sous les coffres. Les timons, les avant-trains et les roues sont chargés à l'autre bout de la plate-forme.

L'embarquement de chaque caisson tout monté, au moyen de la grue, exige trois ou quatre minutes; il faut le double de ce temps pour charger une voiture démontée. Deux heures sont donc nécessaires, si on a trente voitures, suivant le premier système; le même nombre n'exige pas moins de quatre heures, lorsqu'il y a nécessité de séparer les avant-trains et d'ôter les roues.

Mesures de surveillance a chaque halte.— Revue rapide du matériel.
(Art. 21. Artillerie.)

7. A toutes les stations où la halte dure dix minutes, le commandant passe rapidement la revue des waggons chargés de matériel et fait resserrer les brêlages qui se seraient lâchés. Il s'assure aussi que les cavaliers conducteurs embarqués avec les chevaux les font manger et il se fait rendre compte des accidents qui ont pu survenir.

Débarquement. (Art. 23. Artillerie)

8. Aussitôt que les chevaux sont sortis des waggons, les cavaliers à pied sont formés en un ou deux détachements pour débarquer les voitures, ou aider les employés du chemin de fer à cette opération, lorsqu'elle exige l'usage de la grue.

Dès que les chevaux sont sellés et prêts à être attelés, il est désigné un homme pour tenir deux attelages, et les autres sont employés à débarquer le matériel et à le mettre en état d'être emmené.

INSTRUCTION

CONCERNANT

LE TRANSPORT DES CHEVAUX

OU MULETS DE REMONTE

PAR LES CHEMINS DE FER.

(Direction spéciale de la Cavalerie et de la Gendarmerie, Bureau de la Cavalerie et des Remontes.)

Paris, le 24 avril 1853.

Les chevaux livrés aux corps, par les établissements de remonte, ne peuvent voyager par les chemins de fer que d'après l'ordre du ministre.

Cet ordre est mentionné sur l'état signalétique de départ, qui doit indiquer, en outre, l'itinéraire que doit suivre, par terre, le convoi, quand il ne s'embar-

que pas sur place, ou lorsqu'il existe une lacune entre
les voies ferrées et le lieu de destination.

La force des convois ne doit pas dépasser 35 ou 40
chevaux; à moins d'impossibilité absolue, le commandement en est toujours confié à un officier ayant l'expérience de la conduite des chevaux.

Dans le cas où des dépenses devraient être faites
en route, soit pour la solde des hommes, soit pour la
nourriture et le ferrage des chevaux, le commandant
du convoi serait mis en mesure de satisfaire à ces dépenses au moyen de mandats délivrés par le sous-intendant militaire, suivant les règles tracées dans l'article 48 du règlement du 23 mars 1837.

Le transport sur le chemin de fer a lieu en vertu
d'un avis libellé conformément à la formule annexée à
l'instruction du 16 septembre 1851 *Journal militaire*,
2ᵉ sem. 1851. p. 231)[1]. par le sous-intendant militaire de la localité, lequel se concertera, pour les
heures de départ, avec le directeur ou le chef de service du chemin de fer à parcourir.

Les itinéraires seront toujours tracés de façon à ce que
les détachements arrivent à leur destination avant la nuit.

Lorsque les convois de remonte passeront à Paris,
les marches devront comporter un arrêt de six heures
pour le débarquement et le rembarquement. Cet arrêt doit avoir lieu dans la matinée, lorsque la distance

---

1. D'après l'instruction du 6 novembre 1856, qui se trouve en
tête du volume, la réquisition modèle nᵒ 1 est substituée à l'avis
dont il est question.

à parcourir au-delà de Paris sera de plus de 400 ki-
lomètres. Dans tous les cas, le maréchal commandant
la 1re division militaire sera prévenu à l'avance du
passage du convoi par le commandant de l'établissement. Il en sera de même pour les commandants des
8e et 14e divisions, lorsque les détachements passeront à Lyon et à Bordeaux.

Aussitôt qu'il aura reçu l'ordre de mouvement ou
qu'il sera arrivé dans la place où il doit, soit prendre
la voie ferrée, soit quitter une ligne pour passer sur
une autre, le chef de détachement se rendra au chemin
de fer pour reconnaître le point d'embarquement,
savoir l'heure où il convient d'amener sa troupe et celle
du départ. Il se concertera directement avec le chef de
service du chemin de fer sur ces différents points.

Avant de monter en chemin de fer, le commandant
du détachement devra veiller à ce que les hommes placés sous ses ordres soient pourvus de vivres qu'ils
emporteront dans les bissacs ou dans les musettes.

En outre, il prendra toujours des fourrages pour la
nourriture des chevaux pendant le trajet, en calculant
la ration à raison de 4 kilogrammes de foin pour les
chevaux de réserve, de ligne et d'artillerie, et de 3 kilogrammes pour ceux de cavalerie légère, si le voyage
ne doit durer que six à dix heures; et en la portant à
6 et 5 kilogrammes, suivant l'arme, si les animaux doivent rester plus de douze heures en waggon.

Il emportera également, dans des sacs à distribution,
un repas d'avoine pour faire manger les chevaux après

le débarquement et aussitôt qu'ils auront bu. Les sacs seront placés dans un des waggons à bagage du train.

Enfin, il fera garnir l'intérieur de chaque waggon d'une litière composée de trois bottes de paille.

Les denrées dont il est ci-dessus question seront fournies par les magasins militaires, dans les villes où il en existe, ou lorsque l'établissement de remonte se trouvera placé sur une ligne de chemin de fer. Dans le cas contraire, et si le convoi est obligé d'aller prendre les voies ferrées à une station éloignée de plus d'une étape du dépôt, le chef de détachement devra les acheter directement chez un marchand de fourrages, au moyen des fonds qui auront été mis à sa disposition pour les frais de nourriture en route, et de l'emploi desquels il sera tenu de justifier dans les formes réglementaires.

Les chevaux ou mulets seront placés dans les waggons de manière à ce qu'ils se trouvent toujours en travers de la voie; ils auront tous la tête tournée du même côté et seront attachés aux barres ou anneaux des waggons. Le nombre des chevaux ou mulets à mettre dans chaque waggon sera déterminé de concert avec les chefs de service du chemin de fer, de façon à ce que les chevaux aient, selon l'arme, un espace en large de 55 à 65 centimètres, et les mulets 50 à 55 centimètres seulement.

Tous les animaux auront leurs brides ou bridons qu'on leur ôtera pour les faire manger lorsque le train sera en marche. Le foin sera donné à la main.

Le chef du détachement s'assurera que deux strapontins sont attachés dans chaque waggon.

Il fera faire la litière et placer d'avance le fourrage pressé ou lié dans les waggons, en proportion du nombre de chevaux qu'ils recevront; le fourrage sera disposé le long de la grande paroi opposée à l'entrée du waggon; on laissera les couvertures aux chevaux ou mulets.

Ceux-ci seront introduits dans les waggons un à un; les premiers seront placés à chaque bout et attachés immédiatement; les derniers occuperont le milieu du waggon. Tous auront la croupe du côté de l'entrée; les rideaux de ce côté seront relevés.

Les deux cavaliers conduisant les premiers chevaux ou mulets resteront dans les waggons; ils y feront entrer les derniers animaux en les attirant par la longe et les rênes de brides ou de bridons.

Si le nombre des cavaliers ne suffit pas pour fournir deux hommes par waggon de chevaux ou de mulets, il n'en sera mis qu'un dans chacune des dernières voitures; alors même que les chevaux sont très-serrés, il y a toujours de la place entre leurs têtes pour les cavaliers gardes d'écuries.

Les officiers voyageront dans des voitures de 2ᵉ classe.

Les sous-officiers ou cavaliers qui ne seront pas avec les chevaux voyageront dans des voitures de 3ᵉ classe.

Néanmoins, lorsque les détachements de remonte

seront jamais à un train de petite vitesse ne portant
pas d'autres voyageurs, les sous-officiers, brigadiers
et cavaliers, occuperont des waggons à marchandises,
pourvu que ces waggons soient couverts, susceptibles
d'être fermés, et qu'il s'y trouve de la paille ou des colis sur lesquels les hommes puissent s'asseoir.

Les officiers et sous-officiers, chefs de détachements, devront veiller avec le plus grand soin à l'exécution des dispositions qui précèdent ; ils ne quitte-
ront jamais les trains où seront les chevaux ou mulets,
et lorsque les exigences du service sur les chemins
obligeront à répartir les waggons entre plusieurs convois, il y aura toujours un sous-officier ou brigadier
avec chaque fraction.

(Extr. du *Journal militaire officiel*, 1er sem. 1855, n° 21, p. 396.)

DÉCISION MINISTÉRIELLE DU 10 AVRIL 1851.

Les militaires de tous grades ne seront désormais admis à profiter du bénéfice de la réduction de la taxe des tarifs des chemins de fer que sur la production d'une feuille de route.

En conséquence, tout ordre de déplacement, tout congé ou toute permission donnera lieu à la délivrance d'une feuille de route, même dans les cas où le déplacement n'ouvrirait droit à aucune indemnité.

DÉCISION MINISTÉRIELLE DU 28 OCTOBRE 1852.

Militaires voyageant en corps ou en détachement.

Autant que possible et toutes les fois que la composition de l'effectif du corps ou détachement et les ressources de la compagnie le permettront, l'embarquement aura lieu comme il suit :

Les officiers supérieurs dans les waggons de 1re classe.

Les officiers des grades inférieurs dans les waggons de 2e classe.

Les sous-officiers et soldats dans les waggons de 3e classe.

Militaires voyageant isolément.

Les sous-officiers et soldats prendront place dans les waggons de 2ᵉ et 3ᵉ classe.

Les officiers de tout grade seront seuls admis à voyager dans les voitures de 1ʳᵉ classe.

Bagages des officiers supérieurs et autres, voyageant isolément.

Indépendamment du nombre de kilogrammes alloué en franchise de port à chaque voyageur, les officiers de tous grades auront droit au transport à prix réduit de leurs bagages, jusqu'à concurrence de **70** kilogrammes; au-delà ils payeront le prix du tarif.

NOTE MINISTÉRIELLE DU 29 AVRIL 1856.

Lorsqu'un militaire ou marin, voyageant isolément, demande à occuper une place de coupé dans un train qui comporte des places de cette nature, il doit payer le quart ou la moitié du tarif de la première classe (selon la loi de concession) et, de plus, le *supplément intégral* d'un dixième exigé pour ces sortes de places.

TABLE GÉNÉRALE DES MATIÈRES.

RÈGLEMENTS.

INFANTERIE.

SECTION PREMIÈRE.

PRESCRIPTIONS GÉNÉRALES.

SECTION II.

EMBARQUEMENT

SECTION III.

ROUTE.

SECTION IV.

DÉBARQUEMENT

EXPLICATION DES FIGURES.

CAVALERIE.

—

SECTION PREMIÈRE.

PRESCRIPTIONS GÉNÉRALES.

SECTION II.

EMBARQUEMENT.

SECTION III.

ROUTE.

SECTION IV.

DÉBARQUEMENT.

SECTION V.

DISPOSITIONS EXCEPTIONNELLES.

EXPLICATION DES FIGURES.

ARTILLERIE.

—

SECTION PREMIÈRE.

PRESCRIPTIONS GÉNÉRALES.

SECTION II.

EMBARQUEMENT.

PREMIÈRE ANNEXE AU RÈGLEMENT POUR L'ARME
DE L'ARTILLERIE.

—

*Règlement complémentaire et spécial sur le transport du matériel
d'un équipage de pont par les chemins de fer.*

SECONDE ANNEXE AU RÈGLEMENT POUR L'ARME DE L'ARTILLERIE.

Règlement complémentaire et spécial sur le transport des voitures du train des équipages militaires par les chemins de fer.

EXPLICATIONS DES FIGURES.

Pages.

Paris. — Typographie de Gouhet et Cie, rue Gît-le-Cœur, 7.

PL. I

Fig. 1

Art. 1ᵉʳ
du reglement

A   B

Fig. 2

Art. 1ᵉʳ
du reglement

A   B

1/250

Fig. 2 bis

Art. 1ᵉʳ
du reglement

A   B

1/250

Fig. 5

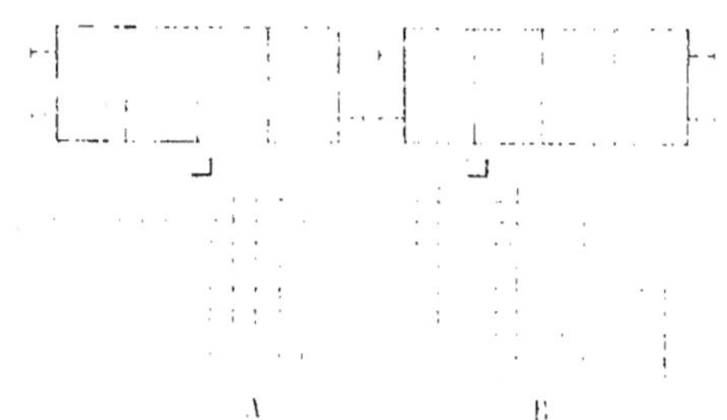

Formation de 36 hommes sur 3 rangs serré et subdivisé devant un wagon a 4 compartiments
Est Ouest Orléans

$\frac{1}{250}$

Fig. 5 bis

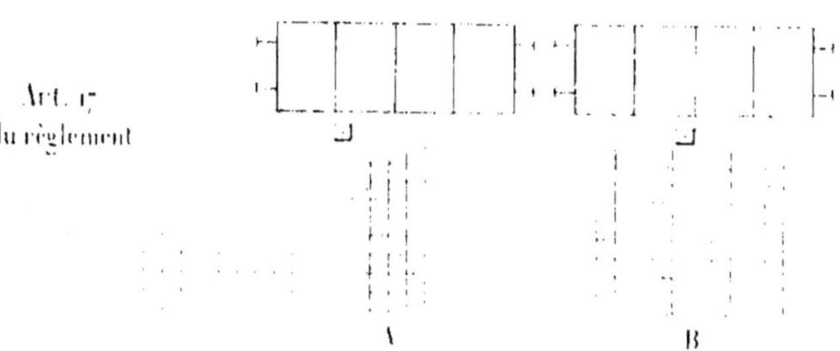

Formation de 36 hommes (Chasseurs a pied) sur 4 rangs se formant par conversion devant un wagon
a 4 compartiments Est Ouest Orléans

$\frac{1}{250}$

Fig. 4.

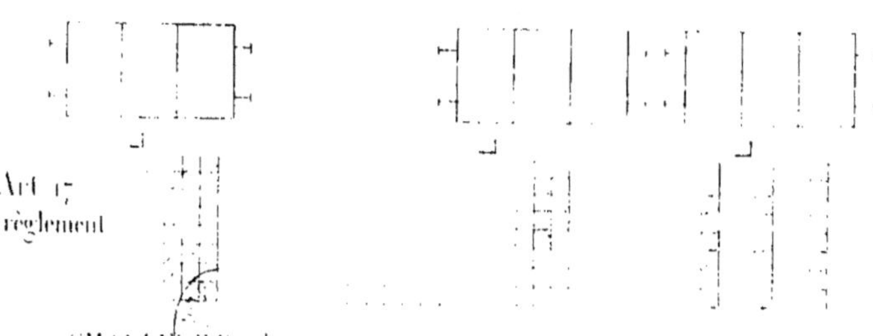

Formation de 72 hommes (Infanterie et Chasseurs) se formant devant les wagons a 3 compartiments
et a coffres sous les banquettes Rouen

$\frac{1}{250}$

Fig. 5

Art. 17
du règlement

A   INFANTERIE   B

2.50

Fig. 5 bis

Art. 17
du règlement

A   CHASSEURS   B

2.50

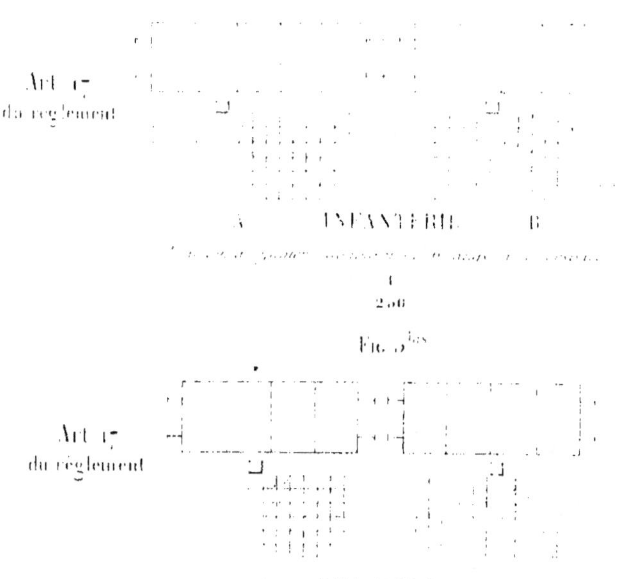

Fig 6

Art. 18
du règlement

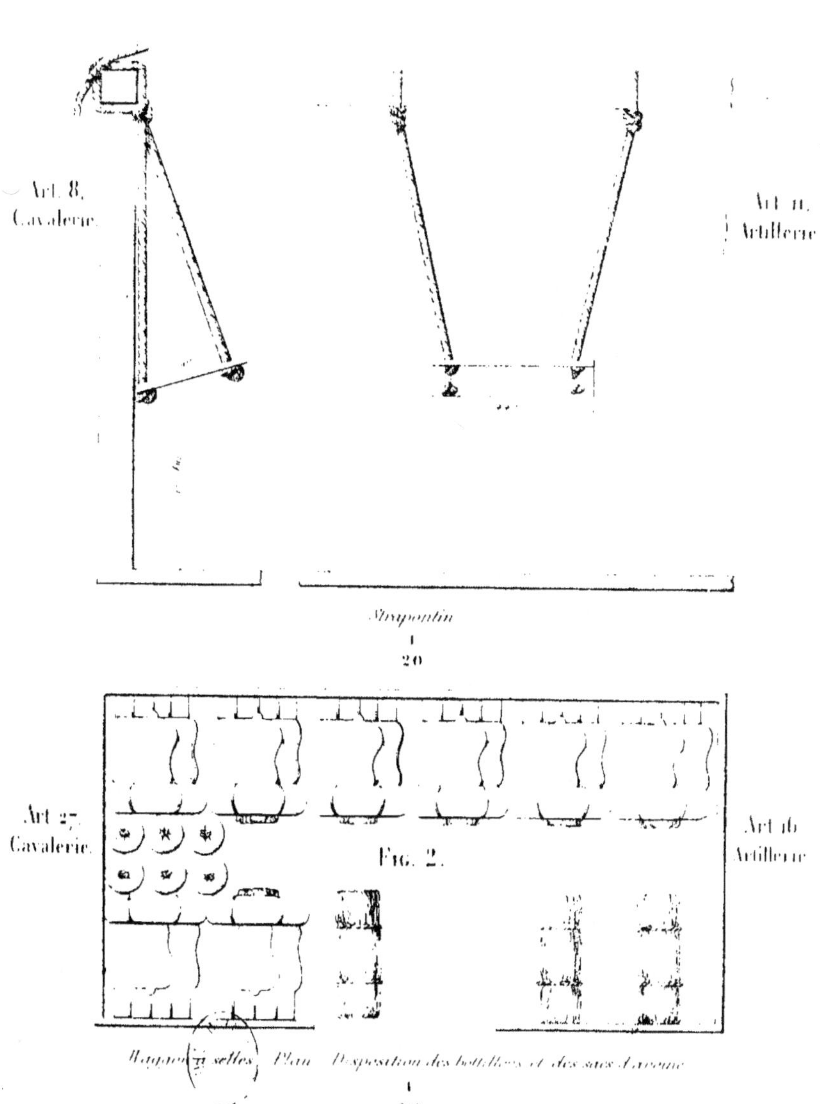

Fig. 1
Art. 8,
Cavalerie.
Art. 11,
Artillerie
Strapontin
1
20
Art. 27,
Cavalerie.
Fig. 2.
Art. 16
Artillerie
Harnais et selles. Plan d'exposition des bouteilles et des sacs d'avoine
1
50

Fig. 3.

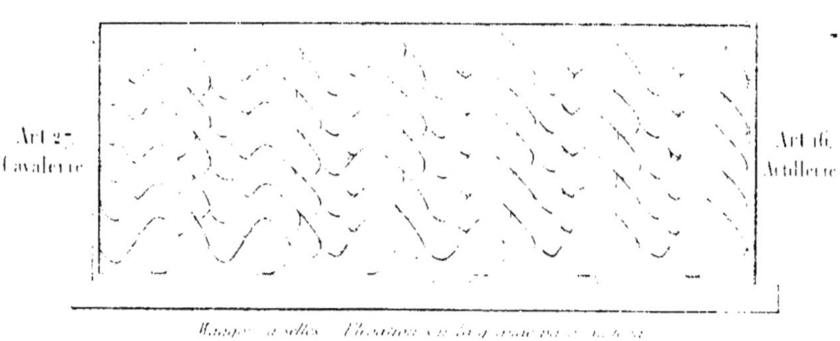

Art 2.
Cavalerie

Art 16.
Artillerie

Fig. 4.

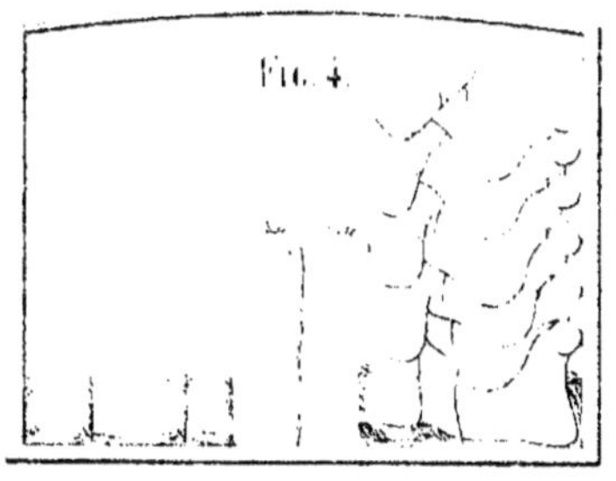

Art 2.
Cavalerie

Art 16.
Artillerie

Fig. 7.

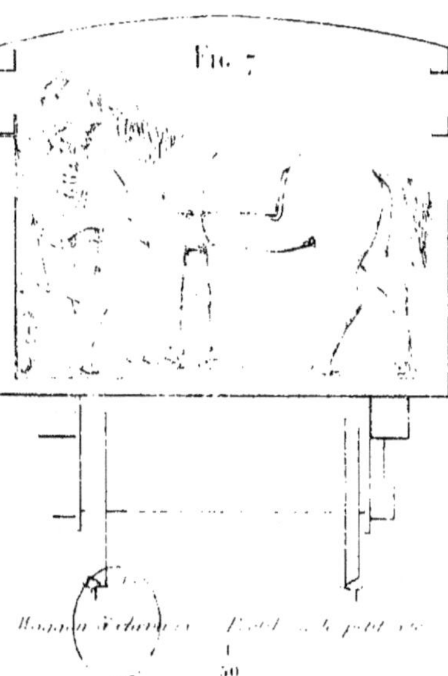

Art 8 et 28
Cavalerie

Art 11 et 19
Artillerie

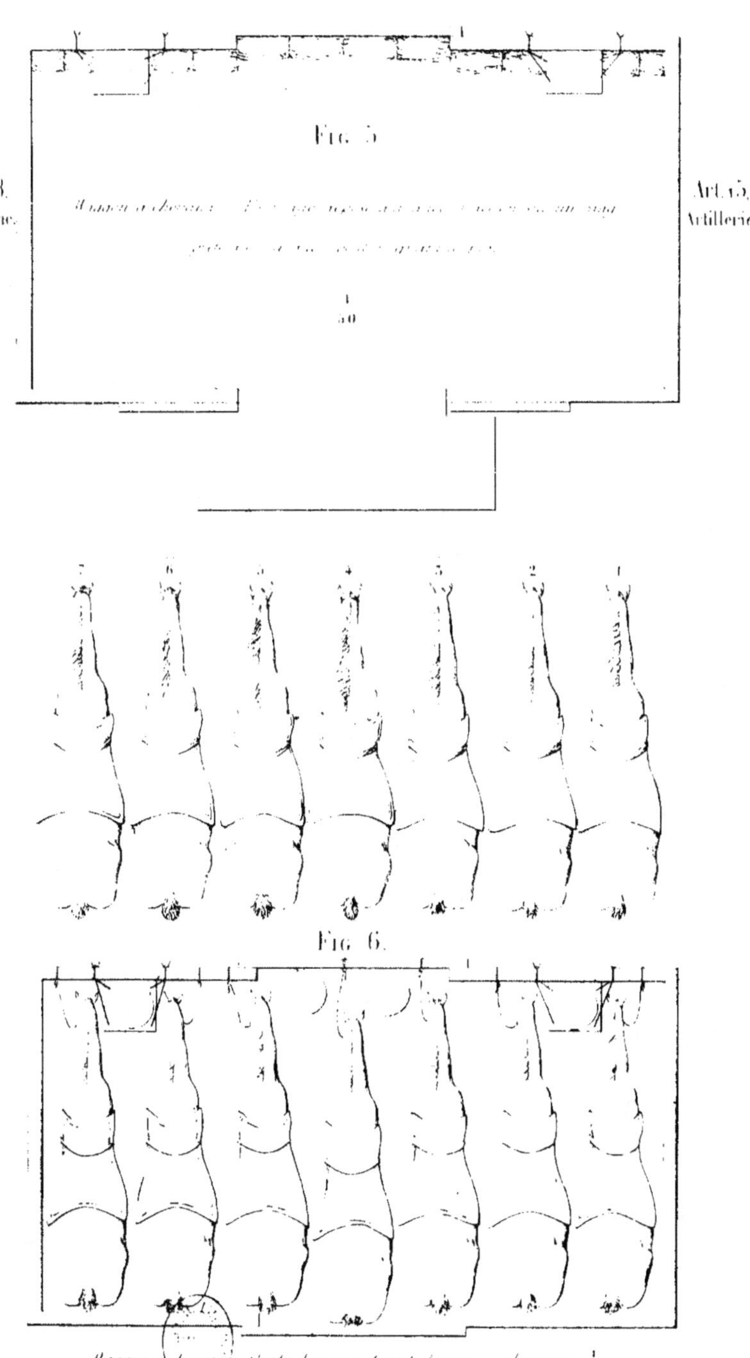

Fig. 5

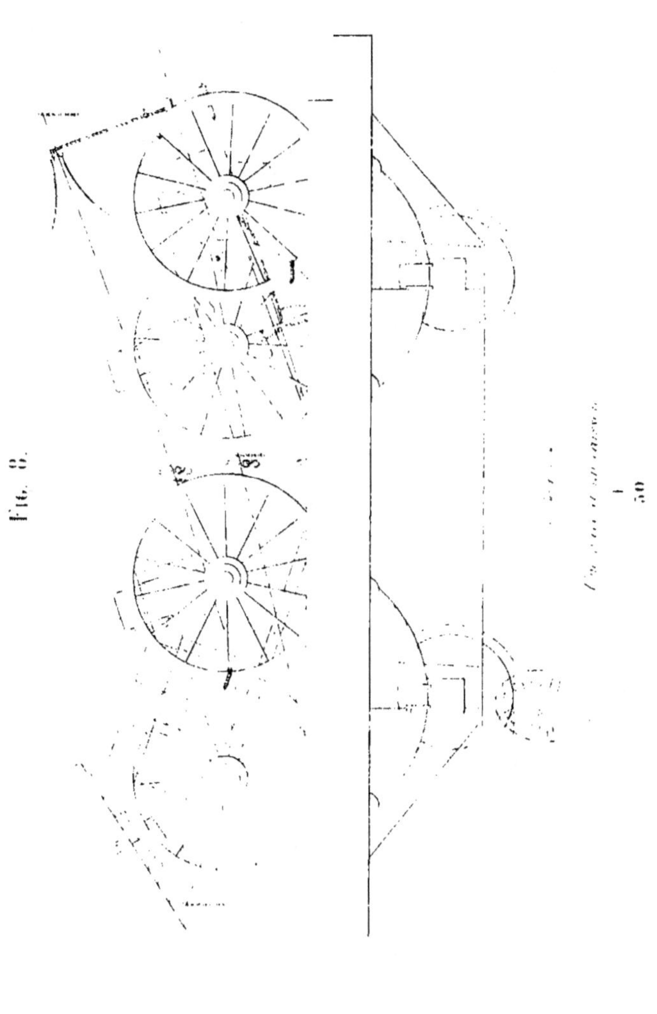
FIG. 8.
Appendice A.

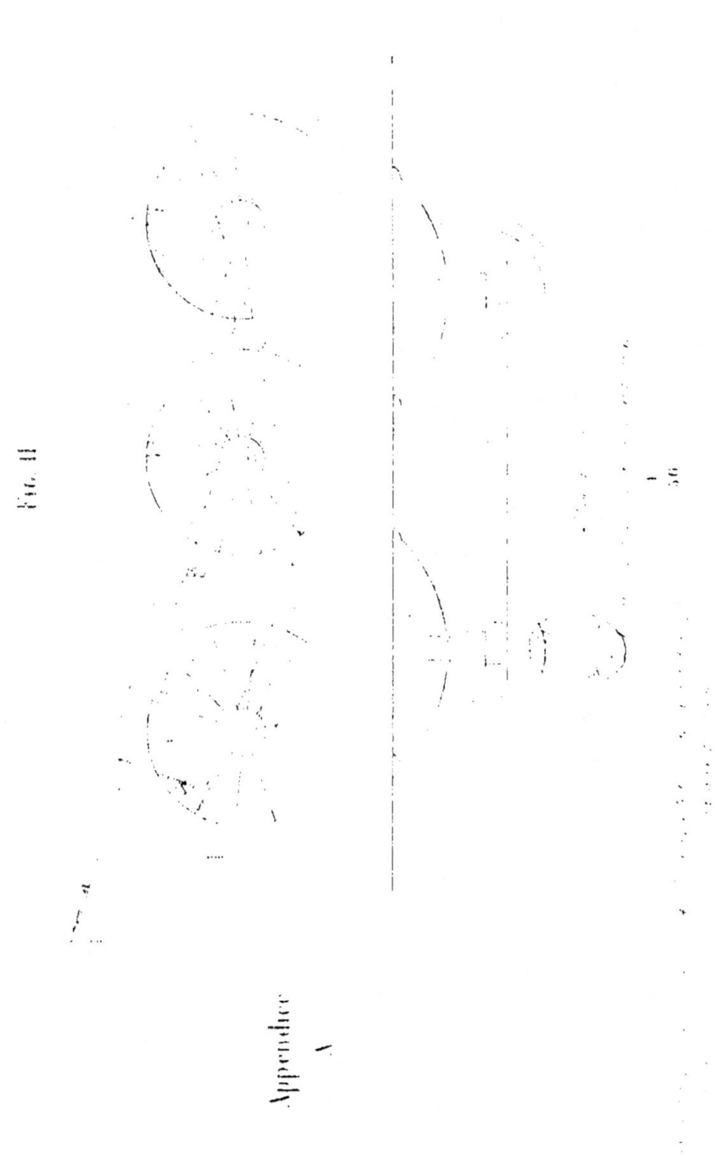

Fig. 4

Appendice
A

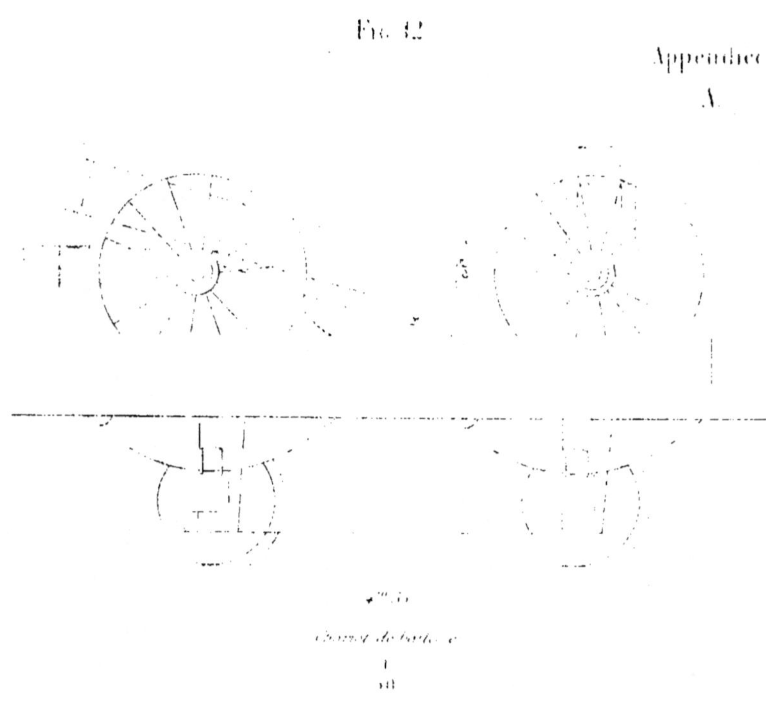

Fig. 5

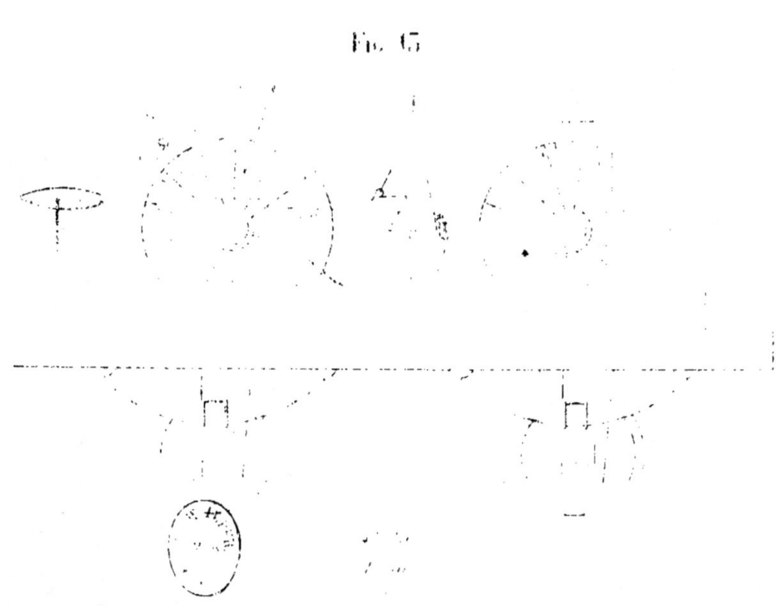

Fig. 14

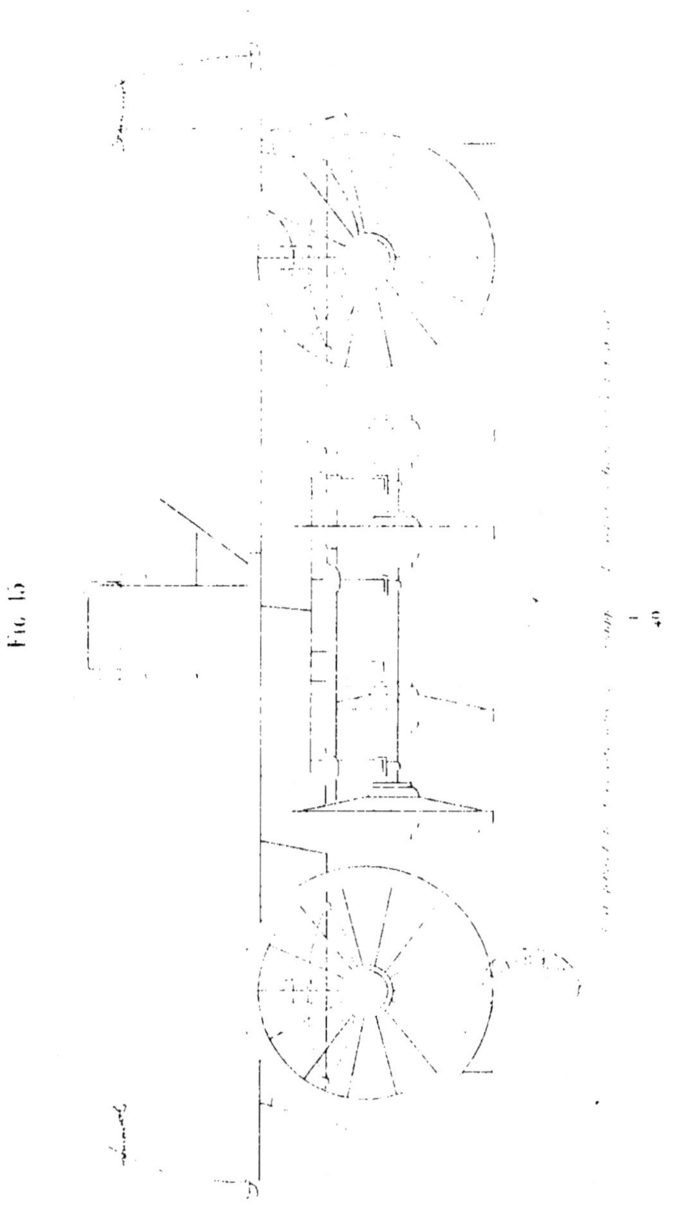

Fig. 15

Fig. 16

Remplacement de deux essieux
Projection verticale par le petit côté
1
40

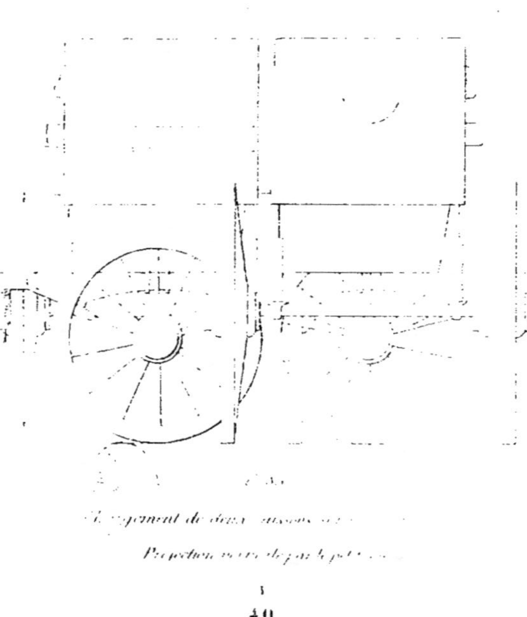